Alternative zum Chaos

HARTMUT LINDENTHAL

Alternative zum Chaos

Im Wissen nichts Neues – Das 3. Buch

Bibliografische Information der Deutschen Nationalbibliothek:
Die Deutsche Nationalbibliothek verzeichnet diese Publikation
in der Deutschen Nationalbibliografie;
detaillierte bibliografische Daten sind im Internet über
dnb.d-nb.de abrufbar.

TWENTYSIX – der Self-Publishing-Verlag
Eine Kooperation zwischen der Verlagsgruppe Random House
und BoD – Books on Demand
© 2018 Hartmut Lindenthal
Coverdesign, Satz, Herstellung und Verlag:
BoD – Books on Demand, Norderstedt

ISBN: 978-3-7407-4727-5

Inhalt

Vorwort – Warum dieses Buch?	7
1. Einleitung	12
2. Wie wir sein möchten und wie wir sind	40
3. Europa als Einheit	75
4. Globalisierung	93
5. Digitalisierung und Industrie 4.0	105
6. Wachstumskorrektur	121
7. Umwelt	141
8. Eine neue Bescheidenheit	159
9. Wege einer neuen Weltordnung	172
Nachwort	187

Vorwort –
Warum dieses Buch?

Dieses Buch zeigt Sichtweisen auf wünschenswerte Veränderungen unserer bestehenden Weltordnung oder, um bei der Realität zu bleiben, unserer zurzeit bestehenden »Weltunordnung«.

Betrachtet werden spektakuläre Ereignisse aus der Vergangenheit bis in unsere Gegenwart, mit der Hoffnung, dass die erlangten Erkenntnisse in eine wünschenswerte positivere Entwicklung umgesetzt werden.

Eine Entwicklung, die in naher Zukunft die realistische Chance hätte, in eine neue, bessere Weltordnung zu münden.

Dabei darf kein zukunftsweisender Änderungsgedanke Absolutheitsanspruch erheben, sondern sollte stets offen bleiben und weitere neue Erkenntnisse, die dem Fortschritt dienen, zulassen.

Die vorgestellten Sichtweisen sind bewusst auf ein Notwendiges beschränkt, die ausführlichere Betrachtung wird anderen, nicht namentlich genannten Autoren und Philosophen der Gegenwart sowie den aktuell berichtenden Journalisten mit ihrer jeweils eigenen Interpretation überlassen.

Damit sollte eine offene Diskussionsgrundlage für die Gestaltung einer lebenswerteren Weltordnung entstehen, in der mit Fairness, Diplomatie und Balance die Grundlagen für eine gerechtere, liberalere, demokratischere und hassfreie Gesellschaftsordnung geschaffen werden, die für jeden erstrebenswert und annehmbar erscheint.

Es gilt für jeden, den eigenen Egoismus auf tolerierbare Grenzen zu beschränken, sollen diese Ziele erreichbar werden.

Offensichtlich vorhandene Missstände sollen hier ohne unnötig übertriebene »politische Korrektheit« offen und direkt benannt werden.

Intention dieses Buches ist es, einen roten Faden zwischen den angesprochenen Themen aus dem Spektrum unseres Zeitgeschehens zu knüpfen, um alle Interessierten zu einer vorwärtsgewandten Denkweise anzuregen.

Es gilt, alle negativen Sichtweisen erkennbar zu machen, die ein friedliches Zusammenleben der Menschen einschränken oder verhindern und die darum schnellstens auf dem Müllhaufen der Geschichte zu entsorgen sind.

Jeder sollte versuchen, die Begrenztheit der eigenen Weltsicht zu erkennen und diese, frei von obskuren Ideologien, positiv zu einer aufgeklärten Sichtweise zu verändern.

Die oberste Prämisse ist immer, eine Balance der Fairness für alle uns tangierenden Lebensbereiche möglichst nur mit Hilfe der Diplomatie erreichbar zu machen.

Das Buch will anregen, an einer neuen Weltordnung mitzugestalten, in der primitiver Hass, Neid und Missgunst unbekannt sind und das Miteinander im Vordergrund steht.

Finden alle Menschen zu der Einsicht, jedes Gegeneinander auszuschließen, dürfte es Kriege in der Zukunft nicht mehr geben. Dieses Ziel muss dann auch mit unbegrenzter Diplomatie verteidigt werden. Es gilt, eine lebenswertere und gerechtere Welt, die für den größten Teil der Menschen akzeptabel und wünschenswert wäre, zu schaffen und dann auch zu erhalten. Eine Welt, in der kein Mensch im Abseits bleiben darf.

Mit Sicherheit sind das fromme und wohl auch naiv klingende Wünsche, aber ihre Umsetzung sollte einen Versuch wert sein, angesichts der zu erwartenden unausweichlichen Veränderungen vor allem durch die Digitalisierung und die damit einhergehende Elektrifizierung und Automatisierung bis hin zu einer sich daraus entwickelnden »künstlichen Intelligenz«, die unser gesamtes Leben grundlegend und massiv verändern wird.

Wir sind schon mittendrin in dieser Entwicklung, und sie lässt sich auch nicht mehr verhindern, der Zug ist bereits abgefahren.

Es ist alternativlos, eine lebenswertere Welt wenigstens annähernd für den größten Teil aller Menschen erreichbar zu machen.

Es werden viele Menschen mit ähnlichen Zielvorstellungen und einem in Maßen gehaltenen Egoismus nötig sein, um diese Wunschwelt für jeden erreichbar machen zu können.

Die zurzeit tätige politische Klasse mit überzeugenden Argumenten in diese Richtung zu bewegen, könnte sicherlich hilfreich sein, um aus utopisch klingenden Zielen realistische und erreichbare Ziele zu machen.

Mit den angestrebten Zielen vor Augen gilt es, über den eigenen Schatten zu springen, sich über eine festgefahrene und oft mit Zukunftsangst besetzte Lebenseinstellung hinwegzusetzen, statt mit Unentschlossenheit, Ängstlichkeit und Egoismus jeden am Horizont sichtbar werdenden Fortschritt noch vor seiner Verwirklichung wieder auszubremsen.

Letztlich handelt es sich bei dem Bestreben, diese Ziele zu erreichen, um eine Art der Überlebensstrategie.

Grundvoraussetzung für heute und morgen ist das Streben nach der Gleichheit aller Menschen und die Anerkennung einer absoluten rechtlichen Gleichstellung von Frau und Mann, die auf Augenhöhe – ob in Partnerschaft oder jeder für sich – selbstbestimmt sein sollen und kein Eigentum irgendeiner verkorksten Gesellschaftsordnung oder auch nur irgendeiner verkorksten Einzelperson sein dürfen.

Die Selbstbestimmung gilt solange, wie sie im Einklang mit den zum Teil schon bestehenden und weltweit von jedem anzuerkennenden Menschenrechten ist, wie sie die persönlichen Rechte und die körperliche und psychische Unversehrtheit anderer Menschen nicht beeinträchtigt.

Nicht vergessen sollte man die zurzeit noch utopisch erscheinende Vorstellung: Alle Menschen sollten in der Zukunft ein »bedingungsloses Grundeinkommen« erhalten.

Jeder sollte für sich das Für und Wider einer Machbarkeit in Betracht ziehen, ob ein Grundeinkommen also gerecht und auch realistisch vertretbar durchgesetzt werden kann und mit welchen Konsequenzen.

Die bevorstehenden weltweiten Veränderungen unserer privaten und beruflichen Lebenswelt durch den massiv wirkenden Einfluss der Digitalisierung in fast allen Lebensbereichen werden zwingend neue Gesellschaftsmuster erforderlich machen.

Ist es also wirklich so abwegig, einen vorerst noch fiktiven Versuch in der Theorie auszuarbeiten und dann auch eine Umsetzung zu wagen?

Oder aber man muss nach vergleichbaren Alternativen suchen, um ein ausgefülltes, gerechteres Leben für alle möglich zu machen.

*

1.
Einleitung

Intention des Buches ist, alle Themen des Zeitgeschehens aus der Vergangenheit, der Gegenwart und einer möglichen Zukunft gleichermaßen als Kernthemen zu betrachten und sie wie an einem roten Faden miteinander zu verbinden.

Ohne den Anspruch auf Absolutheit sollten wir alle vertrauten und vorhandenen Denkmuster kritisch hinterfragen, um im eigenen Interesse unsere persönliche Sichtweise in Richtung eines faireren, humaneren Denkens und Handelns für eine wünschenswerte, gerechtere Welt zu sensibilisieren.

Unter Kernthemen werden alle Themen verstanden, bei denen die Chance besteht, ein friedlicheres, faireres, respektvolleres und toleranteres Miteinander für alle Menschen zu erreichen.

Hierzu gehört eine Befreiung von allem Müll der Geschichte, vor allem von den verschiedenen Ideologien und Religionen. Gerade Letztere werden oft mit einem Glaubensverständnis praktiziert, das noch ihrem Gründungszustand entspricht, der oft Jahrhunderte oder gar Jahrtausende zurückliegt, sie werden bis heute oft kritiklos und ohne jede Veränderung durch eine längst überfällig gewordene Aufklärung in ihrem ursprünglichen Sinn weiter praktiziert – bis hin zu den extremsten Abarten der ursprünglichen Lehre.

Die Auffassungen religiöser Lehren werden oft menschenfeindlich ausgelegt und führen trotz ihres gemeinsamen Ursprungs zu blutigen Feindschaften innerhalb gleicher Glaubensgemeinschaften – ein enttäuschendes Ergebnis, das Zweifel an den verschiedenen praktizierten Lehrmeinungen hervorgebracht hat.

Entstanden und vorhanden sind also nicht nur Feindschaften zwischen den verschiedenen Religionen, sondern auch innerhalb der einzelnen Religionen, mit den verschiedensten Auslegungsvarianten und fast immer aus purem Egoismus und Besserwisserei der angeblich von ihrem jeweiligen Gott auserwählten Religionsführer.

Das Ziel sollte sein, trotz der Bürde der noch fehlenden Aufklärung und einer nicht bewältigten Vergangenheit gemeinsam mit diesen Glaubensgemeinschaften eine erstrebenswerte, friedlichere Zukunft zu gestalten.

Es gibt unzählige Mitmenschen, die ähnliche Wünsche und Ziele für eine neu zu gestaltende Zukunft haben.

Ein großer Teil dieser Menschen in der sogenannten aufgeklärten westlichen Welt hat aufgrund ihres erreichten Aufklärungsstandes auch die Möglichkeit, sich in neue Lebensmuster einzudenken, um die Voraussetzungen für ein friedlicheres, faireres und toleranteres Miteinander als ein unverzichtbares und gerechteres Kernziel für alle Menschen verständlich und erreichbar zu machen.

Anspruch und Wirklichkeit finden jedoch selten zueinander.

Der Glaube, alleine recht zu haben, ist vermessen, da es immer verschiedene Sichtweisen geben wird, die wiederum nur tolerierbar sein dürfen, solange keine Personen durch sie zu Schaden kommen. Solange das nicht so ist, muss man andere Sichtweisen auch akzeptieren, dabei sollte jeder den persönlichen, stets vorhandenen Egoismus in verträglichen Grenzen halten.

Es fehlt vielen die Toleranz gegenüber Menschen, die sich in unseren Gesellschaften abgehängt und vom Leben betrogen fühlen. Dass die sozialen Unterschiede immer größer werden, ist wohl mit ein Hauptgrund für eine zunehmende Unzufriedenheit bis hin zu dem daraus entstehenden Hass und der Feindseligkeit gegenüber allen Andersdenkenden in unserer vielschichtigen, globalisierten Welt. Und die Unzufriedenheit wird weiter wachsen.

Dies aber begünstigt die Missgunst gegenüber anderen Menschen, die Abneigung und Intoleranz gegenüber vielen zurzeit bestehenden Gesellschaftsmodellen. Aber auch die in alten religiösen Mustern denkenden und darin verharrenden fundamentalistischen Gruppen schüren den Hass gegen alle Andersglaubenden.

Dass das immer wieder zu terroristischen und anderen Gräueltaten führt, ist heute in den verschiedensten Regionen unserer Welt als Fakt auch nicht mehr übersehbar.

Menschen können dadurch das Menschsein verlieren.

Beispiele hierfür gibt es täglich neu in den Nachrichten aus aller Welt.

Die vielen unaufhaltsamen Flüchtlingsströme scheinen völlig sinnlos, hervorgerufen durch zunehmende Benachteiligung oder Ausgrenzung ganzer Volksgruppen, was oft in einem blutigen Bürgerkrieg endet, der dann wiederum Fluchtgründe verursacht.

Mit der Zerstörung weiter Landstriche in den Bürgerkriegsregionen, dem nach Umsturz oder Beseitigung der bestehenden Staatsform herrschenden Chaos, dem wachsenden religiös motivierten Terrorismus – der von dort in die gesamte Welt exportiert wird – ist ein angstfreies Leben für die in diesen Regionen lebenden Bürger für sehr lange Zeit unmöglich geworden.

Ein »Weiter so« muss mit allen uns zur Verfügung stehenden Mitteln verhindert werden.

Es gilt, diese negativen Tendenzen inklusive der weiter wachsenden Terrorgefahr abzuschwächen, mit allen unseren Möglichkeiten daran zu arbeiten, eine Umkehr zu einem toleranteren, faireren und respektvolleren Miteinander zu schaffen.

Dies kann nicht alleine mithilfe konsequenter Aufklärung gelingen, sondern muss vorrangig mit einer deutlich größeren und effektiveren sogenannten Entwicklungshilfe geleistet werden, flankiert von fairen Handelsbeziehungen, die diesen Staaten die Chance lassen, ihr kleines Pflänzchen von Wirtschaftswachstum gedeihen zu lassen, statt mit unfairen Handelsverträgen diese Entwicklung schon im Keim zu ersticken.

Für diese gefährdeten Staaten wäre immer die »Hilfe zur Selbsthilfe« die beste Lösung, um die dort vorhandene Wirtschaft zu fördern. Voraussetzung ist natürlich wie überall, dass die Wege des Geldes kontrolliert bleiben und keiner Korruption einer Cliquen- oder Clanwirtschaft zum Opfer fallen, was eine permanente Überwachung und nötigenfalls ein konsequentes Einschreiten der fördernden Staaten zur Folge haben müsste.

Was die verschiedenen politischen und religiösen Ideologien betrifft, so darf keine Richtung akzeptiert werden, in der der Grundsatz, dass der Mensch im Mittelpunkt steht, nicht als schützenswert wahrgenommen wird.

Eine hiervon abweichende, nicht akzeptable Sichtweise wäre zum Beispiel, dass es Menschen gebe, die »nicht lebenswert« seien, nur weil sie einen anderen Glauben praktizieren. Ansichten wie diese sind in jeder anzustrebenden toleranten Gesellschaftsordnung strikt abzulehnen.

Zu den nicht verhandelbaren Werten gehört auch die rechtliche Gleichheit von Mann und Frau, die rechtliche Gleichheit aller Menschen.

Eine liberale, demokratische und säkulare Staatsform ist die Grundvoraussetzung für diese Art einer gewünschten Gesellschaft, in der alle Menschen mit gleichen Rechten miteinander ihr Leben gestalten können, solange sie sich in den gesetzlichen Rahmenbedingungen bewegen.

Einen anderen Menschen bewusst zu verletzen oder zu töten ist als Ausnahme einzig und alleine in einer Notwehrsituation, zum Schutz des eigenen Lebens, zu rechtfertigen.

Kriege zwischen Gesellschaften sind nur bei feindlichen Übergriffen auf den eigenen, bestehenden Staat, als eine erweiterte Art der Selbstverteidigung, zu rechtfertigen.

Eine ergänzende Ausnahme wäre die Abwehr gegen eine Gruppierung, die offensichtlich auch vor einem Völkermord nicht zurückschrecken würde.

Diese Abwehr dürfte jedoch nur dann erfolgen, wenn alle vorangegangenen intensiven diplomatischen Bemühungen gescheitert sind. Erst jetzt sollte es möglich sein, durch eine autorisierte »dritte Macht« auch mit Waffengewalt einzuschreiten.

Das wäre etwa dann der Fall, wenn man mit einer Gruppe konfrontiert wäre, die radikales, fanatisches und menschenverachtendes Gedankengut in die Tat umzusetzen bereit ist und bei der es nach allen diplomatischen Bemühungen keine Aussicht auf Änderung geben wird.

Ein obskurer Pseudo-Staat wie der »IS« dürfte ein schlagendes Beispiel dafür sein. Von dessen Anhängern wird nur dem, der der ihrer Ansicht nach einzig wahren Islamauslegung zustimmt, das Menschsein zugebilligt; alles andere wird als nicht lebenswert betrachtet und soll nach dieser fanatischen und krankhaften Sichtweise vernichtet werden.

IS-Anhänger schrecken nicht davor zurück, ihre eigenen Kinder im Sinne einer Doktrin zu erziehen, nach der das Töten Andersgläubiger zur Normalität gehört. Diesen oft auch als Soldaten missbrauchten Kindern kommt so frühzeitig jedes Menschsein abhanden und damit fast jede Hoffnung.

Es gibt kein schlimmeres Verbrechen an Kindern. Ohne eine dauerhafte psychologische Betreuung haben diese missbrauchten Kinder kaum eine Chance, wieder ein normales Leben zu führen und ihre Empathiefähigkeit wiederzuentdecken, um dann für ihren weiteren Weg gerüstet zu sein.

Es dürfte fast unmöglich sein, das erlebte Martyrium in der Erinnerung erträglich oder gar in der Zukunft vergessen zu machen.

Es ist aber trotzdem dringend notwendig, auch diesen Kindern die Chance auf ein normales Leben danach zu geben.

Nach dem Verständnis einer zivilisierten Weltanschauung ist das Genannte eines der schwersten Verbrechen und eine pure Gotteslästerung. Von aufgeklärten Menschen darf eine derartig erbärmliche Erziehung dieser im ursprünglichen Sinne noch unschuldigen Kinder nicht toleriert werden.

Grundsätzlich müssen wir beginnen, jeden »gedanklichen Müll« aus allen vorhandenen Weltanschauungen und Religionen auszufiltern und ihn als ein nicht akzeptables verbrecherisches Gedankengut wegzuwerfen. Die Verbrechen im Namen solcher Ideologien sind international als solche zu benennen und konsequent zu verfolgen.

Nach Gründung noch jeder Ideologie oder Religion treten früher oder später Nachfolger oder Erben auf den Plan, die die ursprüngliche Lehre auf radikalste und intoleranteste Weise auslegen, mit katastrophalen Folgen.

Keine Nachsicht darf walten, wenn Ideologen sich bei ihrer Glaubensauslegung auf die Gründerzeit ihrer Religion berufen, in der die Gesellschaft noch einen völlig anderen Entwicklungs- und Kenntnisstand hatte, bestimmt von den damaligen Notwendigkeiten des Überlebens. Aus heutiger Sicht kann diese Zeit ohne jede Überheblichkeit als tiefstes Mittelalter oder gar als Steinzeit bezeichnet werden.

Eine Aufklärung ist für von solchen Ideologien geprägte Gesellschaften dringend vonnöten, wollen sie sich unserer modernen Zeit anpassen und in ihr auch bestehen.

Sicher gab es zu jeder Zeit auch immer kluge Köpfe, die Koran, Bibel und andere Glaubensschriften passend zu ihrer jeweiligen Gegenwart ausgelegt haben. Alle auch noch so guten Ideen dürfen nicht zum Dogma erklärt werden, ein hierdurch entstehender fanatischer Radikalismus gehört nicht in eine wünschenswerte friedvolle Welt, in der alle Menschen – Frauen und Männer – schützenswert und gleichberechtigt sein sollten.

Unter aufgeklärten Menschen des 21. Jahrhunderts dürfen kein Fanatismus und keine Ausgrenzungen toleriert werden.

Es gibt auf allen Themengebieten durch die permanent fortschreitenden Entwicklungen neue Erkenntnisse, die berücksichtigt und genutzt werden sollten.

Der Mensch hat als höchstes Gut seiner Existenz einen Verstand mitbekommen, der zur Nutzung für sein

Dasein vorgesehen ist und der aus ihm erst den gewünschten, humanen und toleranten Menschen der Zukunft machen kann.

Er sollte diesen Verstand vor allen Dingen mäßigend, gegen ein überzogenes Ego, zum Einsatz bringen und jede aufkommende Gier, jeden Neid und jeden Hass verbannen.

Die weltweit zunehmende soziale und inhumane Schieflage hat zur Folge, dass die Spannungen zwischen den Religionen mit den dazugehörenden Wirtschaftssystemen sich auf einem kaum mehr vermeidbaren Crashkurs befinden, was von der sogenannten aufgeklärten »freien, westlichen Welt« im eigenen Interesse, zum Teil oft wissentlich, zum Teil aufgrund echter »Blindheit«, geleugnet wird.

Dass alle sogenannten Schwellen- und Entwicklungsländer von den westlichen und anderen wirtschaftlich höher entwickelten Staaten ausgebeutet werden: Diese Tatsache zu erkennen und rücksichtsvoll mit einem fairen Handel zu beginnen, wäre vielleicht einer der wirksamsten Schritte auf dem anzustrebenden Weg und eine Basis für den Beginn einer hoffentlich friedlicheren Zeit.

Alle Gesellschaften sind verpflichtet, humane Wertesysteme für ein friedliches Miteinander zu erschaffen, so wie es von den ursprünglichen Müttern und Vätern aller Ideen- und Glaubensrichtungen sicherlich auch gewollt war, was nicht ignoriert werden darf.

Gefährliche gesellschaftliche Entwicklungen entstehen oft durch die hartnäckige Ignoranz allzu konservativer oder orthodoxer Nachfolger der Ideenstifter und durch die Missdeutungen der Propheten aller Glaubensrichtungen – durch größenwahnsinnige und machtgierige Personen, die sich selbst für auserwählt halten und ihre Ideologie mit einem intoleranten Absolutheitsanspruch vertreten, auch wenn ihre Ansichten im dunkelsten Teil des sogenannten Mittelalters ihren Ursprung haben und einer dringenden Aufklärung und Anpassung an unsere Zeit bedürfen.

Das Ungleichgewicht in den Gesellschaften ist die Folge der Inkonsequenz politischer Akteure, die alle vorhandenen Gesellschaften beeinflussen können und das allzu oft aus egoistischen Gründen auch nur in ihrem eigenen Sinne tun und vor keiner Art des Machtmissbrauchs haltmachen.

Verantwortlich sind Politiker, die für offensichtliche Fehlentwicklungen blind sind oder sich gegen den Einfluss von Lobbyisten, die nur im Sinne ihrer persönlichen Auftraggeber handeln, nicht konsequent zur Wehr setzen.

Schuldig machen sich alle, die bei einer beginnenden Schieflage nicht rechtzeitig gegensteuern, bevor es für eine Umkehr zu spät ist.

Wie könnte es sonst möglich sein, dass die Kluft zwischen oben und unten in etwas mehr als einem halben Jahrhundert so riesig werden konnte?

Es ist die alles zerstörende Profitgier unserer aus der Balance geratenen Finanz- und Wirtschaftssysteme, gelenkt durch Personen, die wiederum blind sein wollen und die Vernichtung ganzer Kulturen betreiben und so ursächlich mitschuldig sind an den weltweiten Flüchtlingsströmen von Menschen, die ohne jede Perspektive sind und sich ihrer Zukunft beraubt fühlen.

Dieses geschieht sowohl durch Auseinandersetzungen mit kriegerischen Mitteln wie auch aus wirtschaftlichen Gründen, und beide Richtungen ergeben eine wachsende »Weltunordnung«, die für alle sichtbar wird.

Eine kleine Minderheit von Personen besitzt und verwaltet den größten »Wertebestand« auf unserem Planeten, mit zunehmendem Abstand zuungunsten der immer ärmer werdenden Menschen auf der anderen Seite dieses ungerechten und missratenen Verteilungssystems.

Gerade ein Prozent der Weltbevölkerung besitzt circa die Hälfte des Weltvermögens, die anderen 99 Prozent der Weltbevölkerung müssen sich das teilen, was für sie übrig bleibt.

Es ist nicht der persönliche Leistungsvorsprung der sogenannten Leistungsträger, der das verursacht. Ursprung ist eine inkonsequente, fahrlässige und lückenhafte Gesetzgebung, die das Ungleichgewicht in der Verteilung aller vorhandenen Ressourcen und jeder Art von Gewinn zugunsten weniger Privilegierter zulässt.

Ein verkorkstes Steuerrecht ist in vielen Ländern eine zusätzliche gravierende Ursache für die gewaltige Spreizung der Vermögen.

»Ehrliche Steuerzahler« dürften vornehmlich Personen in einem sogenannten Angestelltenstatus sein, deren Betrugsmöglichkeiten im Vergleich zu allen anderen Einkommensbeziehern minimal sind und zurzeit einer fast lückenlosen Kontrolle unterliegen. Durch das überholte, aber noch immer praktizierte Steuergeheimnis, das von Interessierten glühend verteidigt wird, bleibt das Steuerverhalten dieser anderen Einkommensbezieher undurchschaubar, was die hieraus resultierende Unfairness gegenüber dem größten Teil aller Menschen zementiert.

Dank »Steueroasen« überall auf unserem Planeten wird diese Ungerechtigkeit potenziert und vermehrt den unverdienten Reichtum einer davon allein profitierenden Minderheit.

Ein Vergleich mit dem Raubrittertum oder der Piraterie wäre eine schlichte Verharmlosung dieser wachsenden Ungleichverteilung und des dubiosen Zugewinns, wie er aus zweifelhaften und undurchsichtigen Quellen entsteht.

Von einem sozialen Gewissen ist hier weit und breit nichts mehr zu sehen, Leibeigenschaft und Sklaverei sind dagegen immer noch gegenwärtig oder entstehen wieder neu.

Die meisten Reichen selbst dürften ihren Reichtum meist als persönlichen Verdienst verklären und gerecht empfinden.

Bei objektiver Betrachtung kommt man zu dem Schluss, dass es allein mit Hände- oder Kopfarbeit unmöglich ist, Millionär oder gar Milliardär zu werden.

Trotz größten Engagements und Arbeitseinsatzes wird es weltweit immer weniger Menschen möglich, auch nur einen überschaubaren Wohlstand zu erreichen.

Reichtum entsteht in erster Linie durch Erbschaften. Ein zu vererbendes Vermögen kann durch die verschiedensten Wege und aus den dubiosesten Quellen entstanden sein, oft auch mit ungeklärten Ursprüngen.

Bei adeligen Familien reicht die Entstehung von Reichtum und Macht oft bis zum »Raubrittertum« als einem möglichen Ursprung zurück.

Oft wird von Generation zu Generation mit fortlaufendem Zuwachs weiter vererbt – manche heiraten sich auch vorteilhaft in Familien ein –, und das sich vermehrende Vermögen bleibt so stets in einem engen Kreis.

Die Ungleichverteilung des Reichtums hat also so nachvollziehbare wie inakzeptable Ursachen, die dringend einer Änderung bedürften. In der Gegenwart wird Vermögenszuwachs zudem auch vermehrt durch hochgradig spekulative Finanzgeschäfte begründet.

Seit Beginn des 20. Jahrhunderts hat die gesamte Finanzwirtschaft Züge angenommen, die einem Monopolyspiel gleichen: Wer zur richtigen Zeit das richtige Feld besetzt, der wird ohne klassisches Arbeiten die Früchte ernten können.

Die erlangten Vorteile werden im Weiteren durch spekulative Einsätze unter Ausnutzung aller vorhandenen gesetzlichen Lücken genutzt, um die auf zweifelhafte Art erzielten Gewinne weiter zu vermehren, ohne jedes Unrechtsbewusstsein.

Scham entsteht nicht, denn Geld regiert die Welt und verleiht uneingeschränkt auch den Menschen Ansehen, die es haben.

Die Mischung von Interessen der Lobbyisten und der gewählten Politiker ist eine unheilige Allianz, durch die jede Demokratie und jede Volkswirtschaft Schaden nehmen kann und die für jeden aufkommenden Radikalismus den besten Nährboden darstellt.

Aber: Das Kind ist in den Brunnen gefallen, um eine alte Redensart zu bemühen.

Selbst bei sofortigem Umsteuern wird es selbst bei gutem Willen aller Regierenden mehrere Jahrzehnte dauern, bis die entstandenen Ungerechtigkeiten auf einen erträglichen Stand zurückgefahren sind, wenn es denn überhaupt je gelingen sollte.

Die zur Gewohnheit gewordene Umverteilung von unten nach oben zu bremsen und umzukehren, darf aber nicht nur ein frommer Wunsch bleiben.

Irgendjemand hat einmal den Satz geprägt, unser Planet sei ein »Paradies für Arschlöcher«. Er könnte recht damit haben!

Um die Gefahr noch größerer sozialer Verwerfungen weltweit abzuwehren, in unserem gemeinsamen Interesse, und im Sinne einer künftigen Überlebensstrategie, muss jeder konsequent nach seinen Möglichkeiten tätig werden. Es gilt, noch schlimmere Ausartungen zu vermeiden, als sie in vielen Teilen unserer Welt, die von Gewalt und Bürgerkriegen gebeutelt sind, schon viel zu oft vorhanden sind.

Die fehlende wirtschaftliche Balance zwischen den

Erdteilen, Staaten und Regionen führt dazu, dass sich verschiedene Kulturen und Religionen in Konkurrenz zueinander befinden, die jede nur für sich und ihre Klientel eine angemessene Lebensqualität ermöglichen und für die Zukunft bewahren wollen.

Die sich am unteren Ende der Einkommensskala befinden, werden durch die hochentwickelten Industrienationen oft gnadenlos ausgebeutet, die ihren eigenen, oft unverdienten Wohlstand dann auch noch mit korrupter Vorgehensweise weiter vermehren, indem etwa Einkaufspreise unter das Existenzminimum der Produzierenden in den »Entwicklungs- und Schwellenländern« gedrückt werden. Diese können sich ohne sich für sie einsetzende Lobbyisten nicht erfolgreich zur Wehr setzen.

Es wird gerne übersehen, dass die zum Teil extrem niedrigen Produktionskosten oft durch Kinderarbeit und Umgehung arbeitsrechtlicher Vorschriften entstanden sind.

Inoffizielle, beschämende, illegale Arbeitsbereiche mit sogenannter Schwarzarbeit gibt es leider auch in den Industriestaaten, einschließlich einer kriminell geführten Kinderarbeit mit Mafia-ähnlichen Strukturen.

Im Vergleich mit den »offiziellen Produktionsstätten« dieser Länder ist die Arbeitssicherheit in solchen Bereichen nicht angemessen gewährleistet, oft sind die Zustände am Arbeitsplatz schlicht kriminell. Diese gravierenden Unterschiede bekräftigen ihrerseits die beschämende Mentalität von Personen mit ihrer »Geiz ist geil«-Philosophie.

Der erreichte Profit beim Verkauf der Produkte in

unsere reichen Industrienationen geht dadurch oft ins Unermessliche und vergrößert weiter das Gefälle zwischen armer und reicher Welt.

Eine Änderung ohne Revolution, nur mit diplomatischer, allseitiger Vernunft und einer maßvollen Bescheidenheit sollte das anzustrebende Ziel sein.

Naiv wäre allein die Behauptung, dass es schon fertige Lösungen gebe.

Der Weg ist lang und steinig, aber hoffentlich nicht unendlich!

Wir sollten und müssen mit aller Konsequenz daran arbeiten, die Richtung erfolgreich zu verändern. Unterschiede wird es immer geben, auch das kann gerecht sein, weil wir alle unterschiedlich sind und es auch sein dürfen.

Unmoralisch wird es erst, wenn Personen bei gleichem Einsatz mehr als das Hundert- oder gar Tausendfache verdienen als andere, ihnen ebenbürtige Personen und das dann ohne jeden Skrupel auch noch als gerecht empfinden.

»Erhalten« und »Verdienen« sind aber noch immer zwei Paar Schuhe, und wer etwas verdient und wer etwas nur erhält, dieses Urteil hängt davon ab, was wir als gerecht empfinden.

Auch größere Unterschiede sollten und dürfen jedenfalls nicht zu einer Neiddebatte führen.

Es gibt immer verschiedene Verantwortungen und Qualifikationen, denen man gerecht werden sollte. Auch in der Kunst, im Sport oder bei anderen im öffentlichen Licht stehenden Tätigkeiten gilt: Der Marktwert einer Person kann große Unterschiede verursachen, die auch Einfluss auf die Vergütungen haben dürfen. In einem überschaubaren Rahmen sind solche Unterschiede gerechtfertigt und akzeptabel. Unmoralisch wird es erst in der zweiten und dritten Reihe der Nutznießer und den Größenordnungen von Vergütungen, die sie erhalten – und zwar nicht durch persönlich erbrachte Leistungen oder durch öffentliche Anerkennung. Das Verhältnis zu anderen Vergütungen sollte immer vertretbar und verhältnismäßig bleiben.

Die Balance der Wertigkeit aller Lebensbereiche ist die oberste Prämisse.

Erben müssten zu einer persönlichen Gegenleistung wie der Weiterführung oder Verwaltung eines ererbten Eigentums verpflichtet sein, reine erbende Nutznießer ohne eine gerechtere, ausgleichende Besteuerung dürfte es nicht geben.

Eigentum verpflichtet!

Es soll ja auch Personen geben, deren einziger Lebensinhalt aus Partymachen, Shoppen und anderen Vergnügungen besteht.

Sofern dem eine persönlich erbrachte Leistung vorangeht, könnte und sollte das auch von jedermann neidlos akzeptiert werden.

Daher soll hier, wie gesagt, weder eine Neiddebatte angestoßen noch Mitleid mit den weniger Privilegierten bekundet werden.

Zwischen Gut und Böse gibt es, wie zwischen Schwarz und Weiß, unendlich viele Grautöne.

Absolut Gutes oder Böses ist wohl kaum denkbar, so wie es generell nichts Absolutes geben kann.

Die Wahrheit liegt wohl, wie bei der Wahl zwischen Sozialismus und Kapitalismus, irgendwo dazwischen. Die bei uns zum Teil noch, wenn auch halbherzig, praktizierte soziale Marktwirtschaft könnte nach einigen Reformen sicher wieder einen gangbaren Weg vorgeben, so wie sie es in ihren Anfängen nach dem Ende des Zweiten Weltkrieges und in der Bundesrepublik Deutschland nach erfolgter Währungsreform tat – bis Lobbyisten aus den verschiedensten Wirtschaftsbereichen mit den von ihnen beeinflussten Politikern dem ein Ende setzten und uns den heute sichtbaren Scherbenhaufen hinterlassen haben.

Zum Abschluss der Einleitung wollen wir uns nicht ohne Ironie die Frage stellen: Wovon und wodurch existieren wir eigentlich in dieser globalisierten Welt?

Worin bestehen unsere größten wirtschaftlichen Abhängigkeiten, und wo sind die größten Gefahren für unsere sogenannte freie westliche Welt, ihre so liebgewonnenen Lebensumstände zu verlieren?

Gibt es etwas, was zurzeit in unserem Leben nicht wegzudenken ist? Könnte man dieses Etwas ersetzen und wenn ja, womit? Gibt es ein gerechteres Gesellschaftssystem?

Kann man die zu vielen Ursachen, die einem friedlichen Mit- und Nebeneinander zuwiderlaufen, alleine durch eine intelligente und konsequente Diplomatie mit Nachsicht und Respekt gegenüber Andersdenkenden überwinden?

Eine rote Linie wird immer dann überschritten, wenn Menschen, egal auf welche Art, zu Schaden kommen oder im äußersten Falle sogar getötet werden.

Egal welche Wege wir gehen, es sind immer Wege, die niemals ein Ende finden werden, so wie unser Universum, das sich von seiner Entstehung bis heute in einer permanenten und unaufhaltsamen, bis in alle Ewigkeit andauernden Veränderung befindet.

Bleiben wir offen für alle kommenden Veränderungen, um sie meistern zu können!

Machen wir doch in den folgenden Kapiteln den Versuch, durch Betrachtung und Analyse der relevantesten Themen unserer Zeit eine gemeinsame Richtung zu finden, versuchen wir, Sichtweisen herauszuarbeiten, für die es sich lohnen könnte, auf unsere gewählten Führungseliten positiven Einfluss zu nehmen und somit unserer parlamentarischen Demokratie einen nachahmenswerten, lebendigen Impuls zu geben – statt darüber zu meckern, dass »die da oben« doch nur machen, was sie wollen, und uns für dumm verkaufen. Eine gelebte Demokratie sollte mehr können!

Seinen Unmut nur mit lautem Geschrei zu artikulieren führt zu nichts. Vielmehr wäre es angesagt, den eigenen Kopf zu gebrauchen, es sollte bei manch einem ja vielleicht auch ein brauchbarer Verstand darin zu finden sein.

Alle Eitelkeiten und jede Machtgier sollten in einem erträglichen Rahmen gehalten und kontrolliert bleiben, wenn diese weniger wünschenswerten Eigenschaften bei uns Menschen offensichtlich doch nicht vollständig auszurotten sind!

Eine neue Sensibilisierung ist nötig im Hinblick auf die schon bestehenden und weiter zunehmenden

Flüchtlingsströme, die vorzugsweise in Richtung Nord- und Mitteleuropa, aber auch in andere, vergleichbar entwickelte und strukturierte Teile unserer Welt unterwegs sind, in der Hoffnung auf eine Zukunft und ein besseres Leben.

Für den größten Teil dieser Menschen ist die Flucht eine aus der absoluten Not geborene Überlebensstrategie. Auf der einen Seite geht es also um das nackte Überleben, das eigene und das der Familie, angesichts der blutigen, alles zerstörenden Bürgerkriege und der Entstehung von korrupten und menschenverachtenden Pseudo-Staaten.

Auf der anderen Seite sind es wirtschaftliche Zwänge, welche Menschen, die ohne jede Hoffnung auf eine erträgliche Zukunft sind, zur Flucht veranlassen.

Zwei verschiedene Ursachen, die aber doch dasselbe Ergebnis haben: eine Flucht mit der Hoffnung auf ein lebenswerteres Leben. Zumindest in viel zu vielen Fällen bleibt es aber leider immer noch beim nackten Überleben.

Was würden wir als ein in Not geratener Mensch in gleicher Situation tun? Man kann nicht so unsensibel sein, dass man angesichts von Bildern der Flüchtenden nicht zum selben Ergebnis käme: Wir würden die Flucht antreten mit der Hoffnung auf ein besseres Leben.

Dieser Gedanke sollte in uns ein Verstehen bewirken und keinen Platz lassen für primitiven Hass.

Es kommen viele Menschen aus unterschiedlichen Kulturen in unser Land, deren Wertesysteme oft nicht unserem entsprechen.

Unser Wertesystem ist in unserer Verfassung, dem Grundgesetz, und in den allgemeinen Menschenrechten verankert – Werte, die nicht zur Disposition stehen dürfen und denen sich alles und jeder unterordnen muss, ohne Wenn und Aber.

Bei einem wissentlichen Verstoß gegen diese Werte müsste jede Gastfreundschaft infrage gestellt werden, ein Kulturbonus sollte nicht eingeräumt werden.

Diese Werte müssen für alle sich hier befindenden Menschen, ohne jede Ausnahme, ihre Gültigkeit haben!

Eine weitere, vielleicht ebenso große Herausforderung ist vor einiger Zeit hinzugekommen, ausgelöst durch eine auf Betrug beruhende Praxis unseres einstigen Vorzeige-Weltkonzerns VW und leider auch weiterer Anbieter aus der Automobil-Branche: nämlich die kriminelle Abgasmanipulation und die Kartellbildung bei der Absprache zur Begrenzung technischer Aufwendungen einiger Autobauer zwecks Kostenreduzierung.

Es ist ein eklatantes Beispiel für mangelndes Rechtsempfinden, noch dazu verbunden mit unverkennbarem Größenwahn. Die Folgen werden möglicherweise fatal für die gesamte Automobilindustrie sein, einschließlich aller Zulieferfirmen und der davon tangierten Wirtschaftszweige, lokal wie weltweit. Arbeitsplätze in unserer gesamten Volkswirtschaft werden in sträflichster Weise gefährdet.

Die Anzahl der von der Automobilindustrie abhängigen Arbeitsplätze wird gemeinhin ebenso unterschätzt, wie ihre Bedeutung für alle gegenwärtigen, durch Mobilität verbundenen Wirtschaftssysteme als selbstverständlich hingenommen wird.

Einfach ausgedrückt:

Weniger verkaufte Autos bedeuten weniger Arbeitsplätze, von den Stammwerken über die Zulieferindustrie bis hin zu Organisation und Verwaltung, ob in der Entwicklung, der Logistik, im Finanzwesen oder im Bildungswesen, denn die Einflussnahme reicht weit über die Autoindustrie hinaus in viele andere Erwerbszweige hinein.

Das führt zwangsläufig zu geringeren oder sogar ausfallenden Einkommen bei fast allen denkbaren beruflichen Tätigkeiten.

Nahezu jeder Wirtschaftszweig ist davon betroffen – mit Ausnahme der Agrarwirtschaft und ihrer für alle Menschen überlebenswichtigen Nahrungserzeugung. Und so wird die Gesamtnachfrage in allen von der Autoindustrie abhängigen Wirtschaftszweigen sinken – eine Abwärtsspirale, die alle Lebensbereiche erfassen würde.

Es bleibt zu hoffen, dass unsere Wirtschaft noch einmal mit einem blauen Auge davonkommt – und nicht die Erkenntnis entsteht, dass das, was bei VW öffentlich wurde, nur die Spitze des Eisberges war und andere Automobilhersteller mit ähnlich dubiosen Maßnahmen eine zu ihren eigenen Interessen passende Wahrheit schaffen.

Die vormals hochgelobte Technik von Dieselfahrzeugen bedarf dringend einer neuen, für die Probleme sensibilisierten Betrachtung. Galt als großes

Plus bisher der gegenüber Benzinverbrennungsmotoren weitaus geringere Kraftstoffverbrauch, so ist es nach den neuesten Erkenntnissen zwingend notwendig, Dieselverbrennungsmotoren auf abgasärmere Antriebe umzustellen, unserer Umwelt und unserer Gesundheit zuliebe.

Es wird in naher Zukunft zwangsläufig zu einschneidenden Umstellungen in unserer gesamten Arbeitswelt kommen.

Mit zunehmender Digitalisierung, Elektrifizierung und Automatisierung unserer gesamten Wirtschaft und letztlich aller Lebens- und Arbeitsbereiche werden viele Menschen ihren Arbeitsplatz verlieren. Und mit Sicherheit wird keiner von ihnen großzügige Abfindungen erhalten, wie sie den verursachenden Lobbyisten und Managern in der Autoindustrie zukommen oder auch den durch Unterlassung mit in der Verantwortung stehenden Politikern, von denen niemand je zur Rechenschaft gezogen wird.

Oder sollte sich hier vielleicht doch einmal etwas ändern?

Dass hinter alldem ein betrügerisches Handeln steht, lässt sich auch aus der Tatsache ableiten, dass Milliarden für Strafzahlungen in den USA angefallen sind und bei VW trotzdem Milliarden an Gewinnen erreicht wurden, während in Europa kein Geld zur Beseitigung der hier durch Betrug entstandenen Abgasmängel bei Dieselfahrzeugen zur Verfügung steht – Mängel, die vom Urheber nicht beseitigt werden, was denn auch als ein korruptes Handeln zu betrachten ist.

Neben diesen großen Änderungen in der Automobilindustrie besteht eine weitere Herausforderung in der Reform unseres Bildungssystems von der Kita bis zum Eintritt in eine neue Arbeitswelt, die unser gesamtes Leben umkrempeln wird.

Digitalisierung und Elektrifizierung mit Automatisierung werden in der gesamten Produktfertigung, aber auch in vielen daraus resultierenden und diese begleitenden Dienstleistungen unverzichtbar, prägen unsere gesamte Mobilität, jede Art von Kommunikation und den dazugehörigen Datenaustausch – wir stehen unverkennbar und unvermeidbar am Beginn einer neuen Zeitrechnung.

Eine schon zum Greifen nahe notwendige Veränderung ist die Umstellung von Verbrennungs- zu Elektromotoren oder vielleicht auch zu dem sich in der Entwicklung befindenden Wasserstoffantrieb; beides wären Möglichkeiten einer fast immissionsfreien Fortbewegung.

Nicht vergessen werden darf hier der wohl pervertierteste Energiegebrauch, nämlich der durch Kreuzfahrtschiffe, die sich mit zunehmend sinkenden Preisen für einen dadurch immer schneller wachsenden Billigtourismus öffnen und die im Vergleich zu unseren zurzeit noch eingesetzten Dieselfahrzeugen ein, gerechnet je Person und Reise, tausendfaches Mehr an Verschmutzung verursachen.

Atmosphäre und Wasser werden durch diese überproportionale Energieverschwendung in verantwortungsloser Weise massiv in Mitleidenschaft gezogen. Hier sollten gesetzliche Maßnahmen schnellstens eine Änderung bewirken.

Das wäre sinnvoller, als übereilt und einseitig komplette Fahrverbote zu erteilen, ob es nun die mit Diesel fahrenden Pkw betrifft oder die autobahnverstopfenden Lkw, die mit unseren Waren und Gütern zum täglichen Verbrauch in Industrie und Handel unterwegs sind.

Dafür nötig wären Auflagen für die gesamte Schifffahrt, ohne Rücksicht auf Wünsche der Lobbyisten – will man den negativen Klimaveränderungen Einhalt gebieten, sind alle gleichermaßen mit einzubeziehen.

Es darf nicht sein, das die Urlaubsreise auf einem Kreuzfahrtschiff eine tausendfache Energieverschwendung und Umweltverschmutzung gegenüber einer Pkw-Reise je Person hervorruft.

Eine objektivere Differenzierung aller Arten von Umweltverschmutzung ist nötig, ohne dabei die Augen vor dem Einfluss von Lobbyisten zu verschließen, deren einziges Ziel ist, den Belangen ihrer Auftraggeber gerecht zu werden.

Ein Beispiel für die Richtung, die der Einfluss auf unsere zukünftige Arbeitswelt nehmen wird: Hat ein Verbrennungsmotor ca. 2.000 Einzelteile, so sind es beim Elektromotor vielleicht 22 Einzelteile, ein Verhältnis also von ca. 1:90, an dem man den Trend zum Arbeitsplatzschwund in der Motoren- und teilweise auch in der Getriebefertigung schon erkennen kann. Getriebe der herkömmlichen Art werden gar keine Verwendung mehr finden. Zu einer ähnlichen Einsparung von Komponenten führt die Eigenbremswirkung von Elektromotoren, bei der es genügt, schlicht den

Fuß vom Fahrpedal zu nehmen – so kommt es zu weniger Verschleiß und Abrieb beim Bremsen. Die Auswirkungen in unserer derzeitigen Arbeitswelt werden bereits sichtbar, können sicherlich aber zum Teil durch neu entstehende Arbeitsfelder kompensiert werden, wie die der Energiespeicher und Energietankstellen mit dazugehörender Infrastruktur.

Man sollte nun aber nicht dem Irrtum unterliegen, mit dem Umlegen eines Hebels würde sich alles im positiven Sinne verändern lassen. Die aus ökologischer Sicht sinnvolle Elektrifizierung unserer gesamten Mobilität bedeutet eine Vervielfachung von fast immissionsfreien Kraftwerken für den dann erforderlichen Strombedarf, der nur durch Sonne, Wind und Wasser erzeugt werden müsste, um dem Klimaschutz gerecht zu werden.

Eine sehr große Herausforderung für alle Wirtschaftssysteme ist die Energiespeicherung bei allen in der Zukunft auch autonom fahrenden, fliegenden und schwimmenden Transportmitteln. Soll die Umstellung zu einer positiven Ökobilanz führen, so werden leistungsfähige Energiespeicher – allgemein auch als »Batterien« bezeichnet – benötigt, die aber eben auch hergestellt und anschließend wieder entsorgt werden müssen. Man sollte hier keinem Selbstbetrug unterliegen, wie man es einst bei Atomenergie tat, die man für umweltfreundlich erklärte, ohne auf die Frage nach der Entsorgung des Atommülls eine Antwort zu haben – man hat sie bis heute nicht.

Auf der einen Seite sehen wir also in der Zukunft gravierende, zum Teil durchaus auch positive Veränderungen im eigenen Wirkungs- und Lebensbereich auf uns zukommen: eine im Zuge von Elektrifizierung und Digitalisierung sich unendlich entfaltende Kommunikationsvielfalt, eine offene und freie, demokratische Gesellschaftsform mit gleichen Rechten und Pflichten aller in ihr lebenden Menschen und mit der absoluten Gleichstellung von Frau und Mann.

Das ist die Theorie – die bisherige Praxis lässt erkennen, dass es zu einer befriedigenden Umsetzung noch ein weiter Weg ist.

Zu große Teile unserer Welt verharren zum Nachteil der vielen heute lebenden Menschen noch immer in einer Art Mittelalter.

Geschuldet ist dies einer völligen Unaufgeklärtheit von Menschen, die unterm Einfluss obskurer, orthodoxer, nicht reformierter oder nicht reformwilliger Religionen und Ideologien stehen – die zum Beispiel nicht von der gleichen Wertigkeit von Mann und Frau ausgehen, sondern die Frau ohne eigene Rechte dem Manne unterordnen – die bequemste Regel zum Nutzen noch des dämlichsten Mannes.

Übergeordnet sind oft sogenannte Kastensysteme, wie es beispielsweise in Indien praktiziert wird; hier wird die Wertigkeit von Menschen anhand Gesellschaftsstufen unterteilt.

Die oberste Kaste ist bestimmend für alle unteren Kasten und deren Rechte, eine Kastenverbindung gilt als unmoralisch und ist weitestgehend untersagt.

In unseren westlichen und auch anderen freien Gesellschaften sind es Besitzstand und, dahinter, Bildung, die wie ein Kastensystem wirken, das hier aber gelegentlich auch durchlässig sein kann.

Es bedarf einer langen Aufklärung und hartnäckiger Überzeugungsarbeit, von solchen Ungerechtigkeiten zu einem gerechten und für alle Menschen lebenswerten Gesellschaftssystem zu kommen.

Aus heutiger Sicht und aufgrund der historischen Erfahrung sind es parlamentarische demokratische Regierungsformen in Verbindung mit einem säkularen Staat, die ein solches System am ehesten verwirklichen könnten.

Es darf keine unantastbaren und unkontrollierbaren Religionsführer geben, die mit einem selbstgegebenen Absolutheitsanspruch ausgestattet sind und über den gewählten demokratischen Vertretern in den rein politisch geführten Staaten stehen und Gesetze geben können.

Wir brauchen eine Alternative zum Chaos.

*

2.

Wie wir sein möchten und wie wir sind

Eigentlich will jeder Mensch doch immer nur ein guter Mensch sein und wird sich in der eigenen Selbstbetrachtung, mit wenigen Ausnahmen, auch so sehen.

Aber was macht einen Menschen zu einem guten Menschen? Nach welchen Regeln wollen wir das beurteilen?

Kann das nicht immer nur eine relative Betrachtung sein, hängt das nicht stets von der Perspektive ab?

Jede Betrachtung wird durch die jeweilige Weltanschauung und Lebenserfahrung geprägt, was eine allgemeingültige Sichtweise erschwert.

Als gegeben müssen wir akzeptieren:

Kein Mensch ist nur gut, und kein Mensch ist nur schlecht – Ausnahmen bestätigen wie überall auch hier nur die Regel. Wir befinden uns also immer irgendwo zwischen Schwarz und Weiß.

Überschreiten wir die Grenze zum Weiß: Kommt dann die Heiligsprechung oder Ähnliches?

Überschreiten wir die Grenze zum Schwarz: Kommen wir dann in die Hölle?

Beide Extreme dürften für den normalen Durchschnittsmenschen wohl kaum oder nur sehr selten erreichbar sein, ihre Existenz ist eher ein Wunschdenken der verschiedensten Ideologien.

Überlassen wir diese Bewertung also großzügig der Einfalt derer, die sich für auserwählt und unfehlbar halten, und bleiben wir selbst bei einer selbstkritischen und nüchternen Betrachtung unseres eigenen Ichs.

Wenn wir mit dem Vorgenannten einverstanden sind, sollten wir die Welt mit einem gesunden Schuss Ironie aus der Sicht unseres eigenen Mittelmaßes sehen, mit der Überzeugung, dass es etwas unter wie auch etwas über uns geben wird, und üben wir uns weiter in Bescheidenheit.

Wir sollten mit der Erkenntnis beginnen, nicht der Nabel der Welt zu sein.

Die Erde dreht sich um die Sonne und um niemanden von uns als Einzelperson.

Warum sollte sie es auch?

Als Mitteleuropäer sind wir überwiegend aufgeklärt und in der Regel christlich geprägt.

Wir leben politisch wie wirtschaftlich in einem annähernd demokratischen, liberalen, toleranten, humanen und zivilisierten System, mit gleichen Rechten und Pflichten aller hier lebenden Menschen und in einer säkularen Staatsform.

Das wäre ein Ideal, wie man es sich wünschen könnte, gäbe es nicht immer noch »Gleichere unter Gleichen« – erst wenn das nicht mehr so wäre, könnte es ein fast perfektes und für alle auch wünschenswertes System sein.

Einige Errungenschaften sind im Grundgesetz und mit der Erklärung und der Festlegung der Menschenrechte festgeschrieben.

Was vor tausend oder mehr Jahren vielleicht nützlich

oder sogar zwingend notwendig war, wird den heutigen Anforderungen an eine aufgeklärte und friedliche Gesellschaftsform nicht mehr gerecht. Der Wunsch nach einer neuen, für alle gerechteren Weltordnung ist im Entstehen.

Neueste wissenschaftliche Erkenntnisse werden von vielen Menschen oft ignoriert, den eigenen Bedürfnissen und Wünschen entsprechend ausgelegt oder gar boykottiert. Solche Erkenntnisse auszusprechen wird in manchen Gesellschaften unter Ächtung oder gar unter Strafe gestellt.

Ist etwas in den alten Schriften nicht hinterlegt oder lässt es sich nicht zwingend aus ihnen ableiten, gilt das Motto: Es kann nicht sein, was nicht sein darf.

Diese negativen Tendenzen sind in allen Religionen in verschiedener Ausprägung zu finden.

Nach aktuellem Wissensstand sind viele religiöse Praktiken ohne jeden erkennbaren Nutzen für die Mehrzahl aller aufgeklärten Gesellschaften und obendrein oft hinderlich für ein friedliches Zusammenleben.

Aus solchen oft auch skurrilen Praktiken dogmatisch die Grundbedingung für eine Glaubenszugehörigkeit zu konstruieren, dürfte zum Schöpfungsgedanken und zum Menschsein in einem deutlichen Widerspruch stehen. Denn aufgrund unseres Verstandes und unserer geistigen Lernfähigkeit, wie sie uns Menschen in verschiedensten Ausprägungen nun einmal gegeben ist, haben wir die Möglichkeit, uns allen Veränderungen zu stellen und unseren permanent wachsenden Erfahrungsschatz zu nutzen. Diese Fähigkeit sollte es uns

Menschen ermöglichen, uns fast allen Gegebenheiten anzupassen.

Wenn man Gott, Allah oder wie wir ihn auch sonst nennen mögen als einzigen über allem stehenden Schöpfer anerkennt, so müsste es doch einer sein, der sich von keinem Menschen so vereinnahmen lässt, wie es die Vertreter einiger Glaubensrichtungen in ihrer eigenen Interpretation gerne für sich in Anspruch nehmen.

Vor diesem Gott wären alle Menschen gleich, egal welchen Geschlechts, welcher Hautfarbe, Herkunft, Stammeszugehörigkeit oder sonstiger persönlicher Orientierung.

Wäre es anders, man müsste diesem in vielen Religionen postulierten einzigen Gott unterstellen, ihm sei bei seiner Schöpfung ein schwerer Konstruktionsfehler unterlaufen, was wohl für die Anhänger dieser Glaubensrichtungen einer puren Gotteslästerung gleichkäme.

Es gibt zu viele Menschen, die ein Gleichsein vor Gott leider nicht wahrhaben wollen und nach Auslegungen suchen, die ihnen genehmer sind, wobei sie ihre eigene Glaubensrichtung zu oft kritiklos als die einzig wahre ansehen, ohne andere Richtungen auch nur ansatzweise zu respektieren oder auch nur zu tolerieren.

In zu vielen Fällen wird der Andersdenkende als gottlos angesehen und ihm das Menschsein abgesprochen, er wird verachtet, oft bekämpft und im schlimmsten Falle mit dem Tode bedroht oder tatsächlich getötet.

Kein Gott, wenn man denn mit Überzeugung an einen glauben und ihn respektieren will, hätte wohl Verständnis für diese anmaßende, von Menschen vollzogene Auslegung seiner Schöpfung, die so ad absurdum geführt würde.

Es gibt viele Beispiele hierzu, die man nur schlicht wieder als Gotteslästerung bezeichnen müsste.

Der Gedanke einer ungleichen Wertigkeit von Mann und Frau ist zu offensichtlich aus einer für Männer sehr bequemen, fast immer männlich dominierten Gesellschaften entsprungenen Überlegung heraus entstanden.

Als Mann könnte man hiernach noch so viele Defizite haben, es gäbe jederzeit jemanden, eben die sogenannte eigene Frau, die sich stets noch unter dem eigenen Rang befände.

Nach den Gesetzen solcher Gesellschaften müssen sich Frauen der Willkür ihres Mannes unterwerfen, und das wird dann obendrein auch noch anmaßend als »Gottes Wille« deklariert.

Für wie dämlich müssen Anhänger solcher Glaubensrichtungen ihren Gott halten, wenn für die männliche Machterhaltung alle noch so obskuren Ansichten und Mittel zur Rechtfertigung herhalten müssen?

Es gibt immer noch zu viele uneinsichtige Männer (und nicht nur Männer), die in erster Linie lernen müssten, den anderen, egal welcher Hautfarbe, ob weiblich, männlich, klein oder groß, arm oder reich, gesund oder krank, klug oder mit körperlichen bzw. geistigen Einschränkungen, mit dem notwendigen Respekt und der entsprechenden Toleranz zu begegnen, denn auch sie sind nun einmal allesamt »Gottesgeschöpfe« und als solche auch zu akzeptieren. Respekt und Toleranz sind Grundvoraussetzung und Basis für ein friedliches Miteinander in allen Schichten und von allen Gesellschaften, die eine Zukunftsfähigkeit für sich beanspruchen.

In verschiedenen Glaubensrichtungen und Sekten werden Ansichten, die den eigenen Wünschen entsprechen, als »gottgewollt« betrachtet und als Dogma festgeschrieben, wie zum Beispiel, noch einmal zur Verdeutlichung: »Die Frau sei dem Manne untertan.«

Warum diese ketzerische Auslegung, wenn doch beide, Frau und Mann, gleichberechtigt und für ein Miteinander geschaffen worden sind und keiner ohne den anderen existieren könnte, geschweige denn überhaupt entstanden wäre?

Die von Menschen gemachte Ungleichheit ist nicht zu akzeptieren. Selbst in unserer sogenannten aufgeklärten und zivilisierten Gesellschaft, die zur sogenannten freien westlichen Welt gehört, ist eine völlige Gleichberechtigung von Mann und Frau zurzeit immer noch nicht erreicht.

Denken wir nur daran, wann den Frauen in unserer ach so aufgeklärten Welt erst das Wahlrecht zugestanden wurde – kaum zu glauben, dass dies teils erst in der zweiten Hälfte des vorigen Jahrhunderts geschah.

Davor konnte der Mann neben anderen Bevormundungen seiner berufstätigen Frau sogar ihren eigenen Arbeitsplatz kündigen, und die Aufnahme einer Arbeit musste er ihr absurderweise vordem auch noch persönlich genehmigen.

Die Abhängigkeit vieler Frauen von ihren Männern erinnert auch in heutiger Zeit in viel zu vielen Einzelfällen an den noch fataleren rechtlichen Zustand in einigen islamischen und ebenso auch in hinduistischen Gesellschaften. Auch Letztere folgen vielfach der Betrachtung, wonach Frauen minderwertig seien, vergleichbar mit Tieren, und entsprechend ist auch die rechtliche Auslegung in diesen Staaten: für uns erschreckende Sichtweisen, die schnellstens auf dem Müllhaufen der Geschichte entsorgt werden sollten.

Nirgendwo konnte ein Beweis erbracht werden, dass der Verstand oder die Intelligenz einer Frau unter denen des Mannes rangieren würden.

Dennoch wird es weiter Männer geben, die, ausgehend von der in der Regel überlegenen Körperkraft, diesen Schluss ziehen würden – und immer noch richten ganze Gesellschaften ihre Gesetze danach aus.

Es gibt Realitäten, die wir in unserer Gesellschaft für nicht begreifbar und für absolut widersinnig halten müssen. Als Beispiel genannt sei der »Verkauf« von oft sehr jungen, möglichst noch »unschuldigen« Mädchen aus islamisch geprägten, oft auch sehr armen Familien – oder auch aus der indischen Kastengesellschaft – zur Heirat mit arabischen Scheichs oder finanziell und wirtschaftlich vergleichbar privilegierten männlichen Personen, die häufig nahezu im Greisenalter sind. Die Männer, die so ihre Triebe ausleben können, geben obendrein noch den ketzerischen Hinweis, dass es nach dem Koran rechtens wäre, sich auf diese primitive und unwürdige Weise zu befriedigen.

Nachdem man ihnen aus purem Egoismus jede Lebensperspektive genommen hat, stiehlt man sich aus jeder Verantwortung für diese missbrauchten jungen Mädchen, die oft von den eigenen Eltern für einen Spottpreis verkauft wurden. Oft werden die jungen Frauen ohne eigene Rechte sich selbst überlassen, oft bleibt ihnen nur die Prostitution, um zu überleben. Besonders attraktive Mädchen, die zwangsweise zu Sexobjekten degradiert wurden, werden gegebenenfalls auch von den eigenen Eltern unter dem Vorwand der Sorge für das künftige Leben ihrer Töchter und mit Unterstützung scheinheiliger und krimineller »Heiratsvermittlungen« wieder weiterverkauft, gegebenenfalls auch mehrfach.

Hier wird unter Verachtung aller zivilisierten und humanen Grundregeln skrupellos und gierig Geld gemacht. Eine konsequente, hart durchgreifende Gerichtsbarkeit stellt sich diesen Vergehen noch viel zu selten entgegen, die mit Höchststrafen geahndet werden müssten, damit diese Missstände irgendwann ganz beseitigt werden.

Die traurige Erkenntnis hieraus ist die Vermutung, dass der Hälfte unserer Erdbewohner aufgrund von Armut, Bildungsmangel und oft völlig fehlender Aufklärung die grundsätzlich für alle Menschen geltenden Menschenrechte fremd sind – oder aber diese Rechte aus niederen Gründen oder um des persönlichen Gewinns willen von ihnen ignoriert werden.

Aus purem Egoismus werden Menschenrechte mit den verschiedensten konkreten Motiven ignoriert. Die Menschen werden in Klassen oder Schichten und damit in verschiedene Lebenswertigkeiten eingeteilt, was bis zur Benennung von »unwertem Leben« führen kann. Auch die ewige religiöse Streitfrage nach »dem einzig wahren Glauben« hat oft den Verlust des Verstehens, was Menschsein bedeutet, zur Folge.

Das aktuellste und blutigste Beispiel ist der selbsternannte und sogenannte Islamische Staat, und selbst nach seiner Zerschlagung durch eine internationale Allianz aus politisch verschiedenartigsten Staaten werden seine Nachwirkungen in Form von weltweit aktiven Terrorzellen noch lange gegenwärtig sein. Es wird weiterhin eine internationale Allianz nötig sein, um die Aktivitäten dieser irrsinnigen Akteure möglichst im Keim zu ersticken.

Betrachten wir unsere eigene Region, die Europäische Union, so können wir die Behauptung wagen, dass es sich um einen der tolerantesten und humansten Orte auf unserer Erde handelt. Allerdings auch mit vielen Fehlern behaftet, über die man sich im Klaren sein muss, um sie auch erfolgreich beheben zu können.

In der Arbeitswelt zum Beispiel wird fast überall zwischen Mann und Frau noch immer mit zweierlei Maß gemessen – in der Leistungsvergütung sowieso, aber auch bei den Aufstiegsmöglichkeiten, und zwar in allen wirtschaftlichen Bereichen. Lediglich im öffentlichen Dienst, unter Zuhilfenahme einer Quotenregelung, sind Fortschritte sichtbar.

Trotz immer noch kräftiger Gegenwehr zur Quote sind inzwischen auch erste Fortschritte in Industrie, Handel und Politik zu erkennen.

Frauen und Männer sind absolut gleichwertig mit

allen ihren Rechten und Pflichten, und diese Betrachtung sollte mit wenigen Ausnahmen, die die jeweiligen physischen Eigenheiten betreffen, absolut und alternativlos sein.

Nur da, wo Frau und Mann auf Augenhöhe, in Balance und Fairness miteinander umgehen, haben Gesellschaften auf Dauer eine friedliche Überlebenschance.

Heute sollte man daran eigentlich keinen Gedanken mehr verschwenden müssen.

Die Voraussetzungen und Umgangsformen, wie sie zu einem Leben im sogenannten Mittelalter gehörten, sollten mit Beginn einer aufgeklärten Neuzeit, in der wir heute doch leben, endlich der Vergangenheit angehören.

Nötig ist auch eine absolute Toleranz und der nötige Respekt vor gleichgeschlechtlichen Verbindungen. Diese Toleranz sollte genauso gegenüber Personen, die als Single oder in anderen freiwillig gewählten Lebensformen leben, ohne Wenn und Aber gelten, natürlich immer nur, soweit niemand dadurch Schaden nimmt und das auch durch eine Gesetzgebung festgeschrieben ist.

Einvernehmlicher sexueller Umgang zwischen zwei erwachsenen Menschen gehört auf eine vom Gesetzgeber sanktionierte Ebene, sofern sie ohne jegliche physische oder psychische Gewaltanwendung auskommt. Mündige Personen müssen, sofern keine Abhängigkeitsverhältnisse vorliegen und niemand davon Schaden nimmt, ohne jede Einschränkung leben und lieben dürfen, wie sie wollen.

Dabei gilt allerdings bei jeder einseitig gewünschten Verbindung: Ein »Nein« ist ein »Nein« und ist immer gültig, ohne Auslegungsspielraum oder Ausredepotenzial für die Adressierten, deren Annäherungsversuche auf Ablehnung stießen und die übergriffig wurden.

Es gibt Grenzbereiche des sexuellen Umgangs zwischen zwei Menschen, wie zum Beispiel in Bereichen der Prostitution. Ohne allzu moralisch werten zu wollen, hierzu folgende Anmerkung: Findet Prostitution zwischen zwei mündigen Personen auf freiwilliger Basis statt, also ohne psychische wie physische Gewalt und ohne den Zwang, den davon profitierende Zuhälter und Schlepper ausüben, so sollte dies toleriert werden und in jeder Gesellschaft straffrei sein.

Freiwilligkeit schließt natürlich auch wirtschaftliche Zwänge aus und hat einen Sonderstatus, der noch einer weiteren, klärenden Diskussion bedarf.

Ein allgemein bekanntes, negatives Beispiel ist der zurzeit bestehende Sextourismus in von Armut geprägte, oft asiatische Staaten, wo Billig-Touristen aus allen Teilen der Welt »die Sau rauslassen« können, ohne die Gefahr, für entstehende Folgen jemals zur Rechenschaft gezogen zu werden.

Eine einheitliche internationale Rechtsprechung, die zum Beispiel das Eintreiben von Alimenten zum Lebensunterhalt für die daraus hervorgegangenen Kindern regelt, ist zurzeit fast unmöglich. Betroffene Mütter, oft alleinerziehend, können ihren Unterhalt häufig nur mit weiterer Prostitution erwirtschaften.

Ihren verantwortungslosen Umgang mit diesen Menschen empfinden viele Sextouristen nicht nur gedankenlos als Selbstverständlichkeit, manche besonders schlicht gestrickte Personen unter ihnen glauben gar, sie begingen damit eine gute Tat.

Neben den bereits genannten asiatischen Staaten zieht es Männer dabei zunehmend auch in den afrikanischen Raum. Andererseits werden Frauen aus ärmeren Ländern, überwiegend aus Osteuropa und wiederum aus dem asiatischen Raum, mit falschen Versprechungen nach Mitteleuropa gelockt, um hier letztlich ebenfalls als Prostituierte ihren Lebensunterhalt zu erwirtschaften. Sogenannte Schlepper berauben sie dabei oft mit Gewalt ihrer persönlichen Freiheit – angeblich könnten die Frauen nur durch Prostitution ihre vermeintlichen Schulden bei Zuhältern und Schleppern begleichen. Im Hintergrund steht hier eine menschenverachtende, illegale Sexindustrie, die einen nicht zu akzeptierenden Menschenhandel betreibt, mit Verhältnissen, die moderner Sklaverei gleichkommen.

Menschenhandel und Zwangsprostitution sollten mit dem höchstmöglichen Strafmaß – ohne Verjährungsfrist – für Schlepper, Zuhälter und mitwissende Kunden geahndet werden.

Die betroffenen Frauen sind in der Regel ohne jede Selbstbestimmung schutzlos anderen Menschen ausgeliefert, denen sie zu jeder Zeit hörig sein müssen, was in jedem Fall eine schwere Verletzung ihrer Menschenrechte bedeutet.

Die verniedlichende Bezeichnung von Vergewaltigung als »sexueller Missbrauch« müsste längst als Unwort aus unserem Sprachgebrauch verbannt worden sein.

Eine Vergewaltigung oder ein Kindesmissbrauch hinterlässt bei vielen Opfern für den Rest ihres Lebens unheilbare psychische Verletzungen, die auch durch spätere positive Erfahrungen, etwa in einer vertrauensvollen Partnerschaft, nur begrenzt gelindert werden können.

Eine genaue Betrachtung zur Pädophilie kann nur zu der Schlussfolgerung führen, einen pädophilen Vollzug als schwerstes Verbrechen an Kindern zu sehen und auch als solches zu ahnden und mit konsequenten Maßnahmen jede mögliche Wiederholung in der Zukunft zu vermeiden.

Diese übelsten Verfehlungen gehen oft von eng vertrauten Menschen aus, zu denen die Kinder in einem Abhängigkeitsverhältnis stehen, zum Beispiel bei religiösen und erzieherischen Institutionen. Unbegreiflich ist, dass es sogar bei den hoch angesehen internationalen – und oft durch großzügige Spenden finanzierten – Hilfsorganisationen in den ärmsten Regionen unserer Welt sogenannte Helfer gibt, die ihre persönliche Macht über bedürftige Kinder schamlos mit sexuellen Übergriffen ausnutzen.

Viel zu oft werden solche Vorgänge unter den Teppich gekehrt, weil wieder mal nicht sein kann, was nicht sein darf.

Die Selbsterkenntnis einer pädophilen Neigung muss zu einer therapeutischen Behandlung führen, bevor es zu einer Katastrophe kommt, die dann auch mit nichts mehr entschuldbar sein darf.

Auf gleich verachtenswerter und nicht tolerierbarer Ebene befindet sich die Herstellung und Verbreitung von Kinderpornografie, ebenso der Konsument, der diesen abscheulichen Markt erst ermöglicht.

Hier gibt es kein Wenn und kein Aber, sondern nur einen Punkt. Es sind immer die Kinder, die geopfert werden. Sie bezahlen lebenslang dafür.

Es gibt hierfür keine Entschuldigung – solche Verbrechen gehören ausnahmslos durch eine sehr konsequente staatliche Gesetzgebung ohne falsch verstandene Rücksichtnahme und mit der größtmöglichen Härte geahndet, um in Zukunft jede Wiederholung zu verhindern.

Es handelt sich hier schließlich nicht um ein Delikt wie Schwarzfahren, sondern um die egoistische Zerstörung eines noch unschuldigen Menschenlebens.

*

Frauen unterscheiden sich von Männern nur in der von der Natur gegebenen Physis, wodurch in einigen Lebensphasen für sie besondere Schwerpunkte entstehen, die einer entsprechenden Rücksichtnahme bedürfen und einer gesetzlichen Regelung unterliegen sollten, was bemerkenswerterweise in vielen Bereichen auch schon geschehen ist, aber anscheinend noch nicht überall angekommen ist.

*

Der Gipfel aller menschlichen Anmaßung ist wohl das Töten eines anderen Menschen im Namen eines Gottes – es ist, ähnlich wie andere bereits genannte Beispiele, selbst die reinste Gotteslästerung.

Als einzige Ausnahme kann die Tötung eines anderen Menschen dann gerechtfertigt sein, wenn es sich um eine reine Notwehrsituation handelt, das eigene oder ein anderes Leben ausweglos unter akuter Bedrohung steht.

Und ein akut bevorstehender Genozid erfüllt die Bedingungen für das uneingeschränkte Einschreiten einer dafür autorisierten Schutzmacht, die dann auch mit Waffengewalt gegen fanatisch handelnde Aggressoren und Terroristen vorgehen darf, um einen Völkermord zu verhindern.

Die Bedingungen solcher Notwehrsituationen und deren Abwendung genauer zu betrachten würde hier den Rahmen sprengen und soll später noch eine besondere, differenzierte Betrachtung finden.

Es ist in jedem Fall respektlos, einem Gott zu unterstellen, er würde so eingeschränkt denken, dass er mit solchen Ansichten und Taten einverstanden sein oder sie gar in seinem Namen sanktionieren könnte. Genau das ist Gotteslästerung!

Gleiches gilt für die Behauptung von Menschen, die »allein selig machende Kirche« zu sein oder ein »Vertreter Gottes auf Erden«. Das ist mehr als anmaßend und ein gedanklicher Irrweg, von denen es in allen Religionen viel zu viele gibt – mit der Folge, dass jede Toleranz gegenüber allen Andersdenkenden zerstört und Hass und fanatischer Feindschaft der Weg bereitet wird. Gedanken und Handlungen, die ebenfalls auf den »Müllhaufen der Geschichte« gehören.

Man muss auch die Frage stellen dürfen: Wo bleibt das konsequente Einschreiten von Führungseliten aller gesellschaftlichen Ausrichtungen, ob religiös, politisch oder wirtschaftlich, angesichts dieser nicht zu übersehenden Zustände rund um den Globus?

Das Ziel ist ein menschenwürdiges, selbstbestimmtes Leben für alle mit Aussicht auf eine lebenswerte und friedliche Zukunft – ein Ziel, das durch eine konsequente Gesetzgebung abzusichern ist.

Es müsste jeden zum Erschauern bringen, wenn er das von uns allen mit verursachte Elend wahrnimmt, wie zum Beispiel:

Kinder, die im Müll geboren werden, ihre Kindheit im Müll verbringen und ohne Chance im Müll vegetieren bis zu ihrem Ende. Es sind oft Opfer unserer fragwürdigen Praxis, Müll in Ländern der sogenannten Dritten Welt zu entsorgen. Ein beschämender Vorgang, und es ist nicht einmal der Tropfen auf den heißen Stein, wenn gut gemeinte und auch lobenswerte Wohltätigkeitsinitiativen hier um Linderung bemüht sind.

Denn unangefochten daneben bestehen die Führungscliquen einiger dieser von Misswirtschaft und Korruption betroffenen Länder und genießen in ihrer bemerkenswerten Unzulänglichkeit kurzsichtig, habgierig, egoistisch und unverdient alle Vorzüge ihres menschlichen Daseins, wobei sie obendrein eine scheinheilige Selbstdarstellung ihres verwerflichen Tuns betreiben, ohne irgendein Unrechtsbewusstsein.

Es ist nicht verständlich, dass die sogenannten Weltmächte dem menschenverachtenden Treiben dieser kriminellen Führungscliquen in Entwicklungs- und Schwellenländern nicht Paroli bieten können.

Die Weltmächte, und mit ihnen die globalisierte Finanzwelt, können oder wollen diesem Treiben keinen Einhalt gebieten, weil wirtschaftliche Interessen alles dominieren und vorrangig vor dem Wohlergehen der Menschen sind.

Ein intelligentes, konsequentes Handeln zur Einhaltung zivilisierter und humaner Standards sollte Priorität für alle künftigen Änderungen haben und möglichst ohne Blutvergießen erfolgen.

*

Zurzeit sehen wir weltweit größere Veränderungen in vielen Gesellschaftssystemen, die unsere bisherigen Wertvorstellungen und Gewohnheiten maßgeblich infrage stellen.

Beginnen wir mit dem oft negativ belegten Begriff der Globalisierung, die Segen und Fluch sein kann. Einige wenige Menschen erreichen finanziell schwindelerregende Höhen, einen durch nichts zu rechtfertigenden Reichtum und Machtzuwachs; andere stürzen in tiefe Löcher, aus denen ohne solidarische Hilfe sich nur die Wenigsten befreien können.

Geld regiert die Welt – ein altbekannter Spruch, den die meisten Menschen verinnerlicht haben und der einer umfassenden, humanen, neuen Weltordnung entgegensteht.

Die Schere zwischen Arm und Reich öffnet sich immer weiter. Einkommensunterschiede von eins zu tausend und größer stehen in keinem Verhältnis zu realen Leistungsunterschieden und entbehren jeder Balance in Moral und Ethik.

Verachtenswerte Tendenzen zeigt das gesamte Finanzwesen, in welchem die Globalisierung für wenige einer Geldvermehrungsmöglichkeit von unverhältnismäßigem und ungerechtfertigtem Ausmaß dient. Die Gesetzgeber haben es versäumt, hier entsprechende Leitplanken zu errichten.

Solidarität mit den Mitmenschen oder der Bezug zu einer Region sind nicht mehr gewünscht.

Ethik und Fairness bleiben Fremdwörter oder scheinheilige Floskeln.

Fern jeder Moral wächst eine skrupellose Selbstbedienungstendenz, ermöglicht und gefördert durch politische Fehlentscheidungen. Man kann sagen, dass wohl in allen uns bekannten politischen, wirtschaftlichen und auch religiösen Systemen korrupte Ausartungen entstehen können und auch entstanden sind.

Bei vielen risikoreichen Geschäftsabläufen sind die Ausführenden in der Regel nur für die positiven Belange in Verantwortung und obendrein Nutznießer, wobei sie mit entsprechenden Boni zusätzlich oft noch unverhältnismäßig hoch vergütet werden.

Wird aber ein Geschäft gegen die Wand gefahren, haben die negativen Folgen in der Regel die anderen zu tragen.

Die Verantwortlichen werden auch hier, dank entsprechender vorausschauender Vertragsregelungen, oft mit unverhältnismäßig hohen Abfindungen belohnt.

Bei wirtschaftlich relevanten Bankhäusern wurden in jüngerer Vergangenheit staatliche Rettungsaktionen durchgeführt, ohne dass Verantwortliche und Nutznießer je regresspflichtig gemacht worden wären.

Die Schadenstilgung wurde auf dem Weg des geringsten Widerstandes dem Steuerzahler aufgebürdet.

*

Der pure Größenwahn hat sich in einigen Bankhäusern und Versicherungsgesellschaften eingenistet, und auch in Industrieunternehmen bis hin zu den Gewerkschaften finden wir manche zu sehr von Erfolg verwöhnte Personen in den Führungsebenen – es gibt hier ein nicht zu übersehendes Größenwahn-Gen.

*

Wie funktioniert Wirtschaft im »Heuschreckenzeitalter«?

Das Phänomen der Heuschrecken wurde erst möglich durch eine unkontrollierte Globalisierung mit blinder Marktorientierung und ohne jede Verantwortung für alle negativen Auswirkungen auf die arbeitenden Menschen.

Betrachten wir als naheliegendes Beispiel den VW-Konzern – stellvertretend für den gesamten Automobilmarkt, denn bei anderen Konzernen läuft es in ähnlicher Form ab.

Über diese Realwirtschaftssysteme, zu denen der VW-Konzern natürlich gehört, herrscht eine für die meisten Menschen undurchsichtige und unkontrollierbare Finanzwelt, mit einem weltumspannenden Netzwerk, von dem zurzeit kaum ein Konzern der Realwirtschaft unbeeinflusst geblieben ist.

Die Spielregeln in der Realwirtschaft werden von den nicht greifbaren Akteuren der Finanzwelt mit ihrer undurchschaubaren Machtfülle vorgegeben.

VW produziert also nun den VW Golf – ein Exemplar kostet je nach Ausstattung zurzeit vielleicht ungefähr 20.000 Euro. Es handelt sich also um ein preiswertes und zweifellos auch überdurchschnittlich gutes Auto.

Aber stellen wir uns einmal vor, der Golf würde komplett in Deutschland, in Mitteleuropa oder auch in Nordamerika oder anderen Ländern mit vergleichbar hohem Lebensstandard gefertigt werden. Das Auto wäre mindestens doppelt so teuer!

Wer würde es dann kaufen? – VW wäre wegen mangelnder Nachfrage, den Marktgesetzen folgend, wohl in kürzester Zeit schlicht und einfach pleite.

Ein dokumentierter Nachweis ist hierfür zurzeit zwar nicht greifbar, trotzdem scheint der skizzierte Ablauf durchaus in realistischer Nähe.

Was spricht für dieses Gedankenspiel?

VW hat im Vergleich mit anderen Anbietern die zurzeit wohl am besten bezahlten Angestellten mit der geringsten Arbeitszeit!

Die Topmanager sind einsame Spitze mit dem annähernd zweihundertfachen Einkommen eines normalen Angestellten dieses Konzerns.

Möglicherweise ist es auch mehr – Genaueres bleibt verborgen.

Es wird nicht angezweifelt, dass diese Topmanager eine hervorragende Arbeit leisten, für die ihnen auch ein Topeinkommen zusteht. Es sei ihnen ohne Neid gegönnt!

Wie moralisch ist es aber, das vielleicht Zweihundertfache eines normalen Angestellten zu erhalten, der auch hart arbeiten muss, um diese Konzernergebnisse mit zu erwirtschaften?

Autos werden nun einmal nicht von einem Menschen alleine aus dem Hut gezaubert!

Vergessen wir nicht, was ein Topmanager ist.

Er ist selten Konzerngründer, Eigner oder Erfinder, auch wenn er ein größeres Aktienpaket sein Eigen nennen kann.

Er ist ein Angestellter mit Führungsaufgaben, um den Konzern zu erhalten und zukunftsfähig zu machen.

Das sollte er!

Bei einem Nichtgelingen ist er aber selten haftbar zu machen, im Gegensatz zu Personengesellschaften, bei denen die Eigentümer mit allen ihnen zur Verfügung stehenden privaten Mitteln haften müssen.

Ein Topmanager ist kein Unternehmer im klassischen Sinn, sondern ein privilegierter Angestellter in einer besonders geschützten Form.

Luxusmarken lassen wir bei unserer Betrachtung weiter außen vor – dort sind die Verhältnisse teilweise noch krasser, wie zum Beispiel bei Rolls-Royce und anderen Anbietern von Luxusfahrzeugen, die eine etwas andere Kundenklientel bedienen, und zwar jene, für die Wirtschaftlichkeit nicht die oberste Priorität hat.

Auch die bei VW besonders privilegierten Betriebsräte mit circa dem doppelten Einkommen von normalen Angestellten, denen obendrein auch Vergnügungsreisen während der Arbeitszeit gesponsert wurden, lassen wir außen vor. – Es muss aber auch darauf hingewiesen werden, dass es hochverdiente und moralisch einwandfreie Gewerkschafter, Betriebsräte, Manager und auch Politiker gibt.

Ein sehr großer Teil der Wertschöpfung in der Autoproduktion passiert nicht in den hiesigen Stammwerken, sondern zum größten Teil bei den verschiedenen Zulieferfirmen.

Oder man bedient sich der vielen Leiharbeitsfirmen mit Angestellten, die ein deutlich geringeres Einkommen haben als die eigene Stammbelegschaft.

Von allen in der Leiharbeit Beschäftigten dürfte es einzig dem Leiharbeitsunternehmer hierbei noch relativ gut gehen.

Noch schlechter dran sind Mitarbeiter, die mit »Werkverträgen« teilweise schlicht ausgebeutet werden, die sich aufgrund abweichender Gesetzgebung in ihren Herkunftsländern oft arbeitsrechtlich in einer Grauzone befinden und dadurch bei allen Auseinandersetzungen in der Regel immer am kürzeren Hebel sitzen.

Die Zulieferfirmen sind über alle Erdteile verstreut. Zustande kommt diese Verteilung aufgrund der günstigsten Produktionskosten in Ländern, in denen keine Rücksicht auf Sozial- und Sicherheitsstandards genommen zu werden braucht.

Diese Standards sind in den Zulieferfirmen und auch in den Zeitarbeitsfirmen so unterschiedlich, wie wir es ähnlich auch aus der Textilindustrie kennen.

Die Textilindustrie sowie zunehmend auch die Metall- und Elektrobranche sind in Mitteleuropa inzwischen in immer geringerer Anzahl anzutreffen und ständig weiter auf Wanderschaft, auf der Suche nach immer lukrativeren und profitableren Renditemöglichkeiten.

Sie werden mehr und mehr ausgelagert in die sogenannten Entwicklungsländer oder in Schwellenländer, in denen eine neue Unternehmerschicht heranwächst, die alle Arbeitsrechte und die Sicherheit am Arbeitsplatz, wie sie bei uns üblich sind, umgehen kann, die für ihre persönliche Bereicherung oft alle Menschenrechte ignoriert. Zu unmoralischen Vorgehensweisen kommt es auf allen Seiten, vom Auftraggeber bis zu den ausführenden Produzenten, vom Handel bis zu den Verbrauchern, also den Kunden.

Es gilt das Motto »Geiz ist geil« – und nicht »Leben und leben lassen«. Diese Mentalität hat in der gesamten Weltwirtschaft alle Arbeitsbereiche erfasst und die Lebensqualität vieler Menschen verschlechtert, ohne dass wir konsequent mit Fairness gegensteuern würden.

Die Einkommensverhältnisse der Mitarbeiter in der Zulieferindustrie haben eine Spanne, auf deren einer Seite die Menschen vor Hunger nicht in den Schlaf kommen und auf der anderen die Einkommen so üppig sind wie in Mitteleuropa oder in anderen höher entwickelten Regionen wie beispielsweise den USA oder Japan.

Diese befinden sich jedoch immer noch deutlich unter einem VW-Standard. Dieser Standard sei hier stellvertretend für Ausnahmen, wie es sie überall in einer privilegierten Arbeitswelt geben kann, angeführt.

Kurz zusammengefasst kann man sagen, dass die Stammwerkmitarbeiter auf Kosten der deutlich schlechter bezahlten Mitarbeiter in der Zulieferindustrie und der noch stärker benachteiligten Zeitarbeiter ihr privilegiertes Dasein genießen können.

Die großen Automobilkonzerne besitzen ein nahezu uneingeschränktes Machtmonopol gegenüber ihren Zulieferfirmen.

Bei VW, bei dem das Land Niedersachsen ein Mitspracherecht besitzt, genießen die Stammmitarbeiter zusätzlich einen besonderen Schutz durch die etablierten Gewerkschaften und mitbestimmenden Betriebsräte, die mit einer Bunkermentalität bestrebt sind, dieses System mit allen Mitteln zu erhalten.

Ließe sich dieses System auf alle Arbeitsstätten weltweit übertragen, könnte man es für eine geglückte soziale Marktwirtschaft halten und selbst zu dem Verdacht kommen, einen »Arbeitshimmel« erreicht zu haben.

Hier geht es aber, nicht widerlegbar, auf Kosten anderer, irgendwo auf der Welt, für die die soziale Marktwirtschaft unbekannt oder ein utopisches Gebilde bleibt – bestenfalls werden gerade so ihre Grundbedürfnisse erfüllt.

Die Realität weltweit müsste uns schaudern machen, wo Menschen unter katastrophalsten Arbeitsbedingungen nicht einmal ihre Grundbedürfnisse erfüllen können. »Verdienen«, »Leistung« und »Gerechtigkeit« sind in unserer globalisierten Arbeitswelt absurde und scheinheilige Begriffe.

Die Vorgehensweisen, die solche Zustände ermöglichen, sind oft sehr banal und grenzen nicht selten an Erpressung der Zulieferer durch die großen und mächtigen Konzerne.

Die Marktmacht der Konzerne ist uneingeschränkt gegenüber diesen Zulieferfirmen, es sei denn, der Zulieferer hat seinerseits ein Monopol inne, was aber die Ausnahme ist.

Diese Verhältnisse sind natürlich nicht nur auf die Automobilindustrie beschränkt, sondern betreffen auch alle anderen Industrien, die aufgrund hochwertiger und aktuell gewünschter Produkte in ihrem Segment einen besonderen Marktwert haben.

Beispiele wären der Maschinenbau, der Flugzeugbau, der Schiffbau, die Energieerzeugung, die Bekleidungsindustrie, das Bauwesen, die Lebensmittelindustrie, die Agrarwirtschaft, die Medizintechnik, die Pharmazie und von diesen Bereichen abhängige Industriezweige. Relativ neu hinzugekommen und rasant zunehmend sind digitalisierte Bereiche für Industrie und Verwaltung mit jeder Art von Datenverarbeitung und vielseitigen Kommunikationseinrichtungen.

Über allem steht die alle Lebensbereiche umfassende und unser zukünftiges Leben dominierende Digitalisierung.

Es gibt kein Entrinnen, es ist eine neue Art der Abhängigkeit.

Die Kunst wird sein, Nischen zu entdecken, zum

Ausgleich und zur persönlichen Entspannung, um die gewünschte Lebensqualität zu erreichen und auch einen Bereich ohne Digitalisierung für sich persönlich zu erhalten.

Der Mensch ist nun einmal ein analoges System.
Die Dosierung wird es machen.

Es gibt schließlich noch eine große Anzahl von Arbeitsplätzen im weiten Feld der Dienstleistungen, die man als Verbindungsstoff aller Branchen sehen könnte, allen voran das Finanz- und Versicherungswesen, zu dem alle anderen Branchen, leider fast immer, in einer unvermeidbaren Abhängigkeit stehen.

Banken und Versicherungen sind in vielen Bereichen Monopolisten, wenig reguliert und zurzeit mit der größten Machtfülle überhaupt ausgestattet. Sie handeln gegenüber der von ihnen abhängigen Klientel oft unmoralisch, was die Vergütung der eigenen Leistung betrifft.

Diese abhängige Klientel zählt zu dem weiten Feld der Dienstleistungen, die jeder von uns in Anspruch nimmt und die zur sogenannten Mittelstandsgesellschaft gehören, ja ohne die kein System funktionieren würde.

Macht und Einkommen dieser Mittelstandsgesellschaft sind oft nur durch überdurchschnittlich großen Arbeitseinsatz der Eigner und Mitarbeiter zu erreichen.

Zu dieser Dienstleistungsgesellschaft zählt auf gleicher Ebene auch das Handwerk, die Milchkuh dieses Wirtschaftssystems, mit dem größten Anteil der abhängig arbeitenden Bevölkerung, die durch ihren persönlichen Arbeitseinsatz unsere gesamte Infrastruktur, privat und öffentlich, am Laufen hält.

Ohne diese Gruppe würde den Personen aus der Oberschicht auch mit noch so viel Vermögen kein Luxusleben möglich sein.

Ohne Dienstleister müsste selbst die Oberschicht zum Überleben auch zum Selbstversorger werden.

Betrachten wir die oben genannten Arbeitsgebiete einmal nach ihrer Rangordnung. Stellen wir sie alle nebeneinander und nehmen nacheinander immer eines aus der Reihe. Betrachten wir dann die Auswirkung auf die anderen Arbeitsgebiete und betrachten die Folgen.

Würde es einen Ersatz geben, eine Alternative zur Abhängigkeit vom Automobil?

Beginnen wir in der Gegenwart, die von einem massiven Rückgang der Automobilindustrie geprägt ist. Dieser Industriezweig ist zurzeit noch die dominierende, unverzichtbare Grundsäule unserer gesamten Weltwirtschaft und hat maßgeblichen Einfluss auf alle auch noch so weit davon entfernten beruflichen Tätigkeiten und deren Einkommenshöhe – angefangen von Erziehungs- und Bildungsberufen über Handwerksberufe bis zu akademischen Berufen und zur Forschung. Kein Zweig und keine Richtung bliebe verschont:

Es würden immer weniger oder gar keine Produktionsanlagen und Betriebsmittel mehr benötigt.

Dies bedeutet die »Freisetzung von Mitarbeitern«.

Der Energiebedarf ist überwiegend von unserer gesamten Mobilität abhängig – übrig bliebe nur ein

Bruchteil des vorhandenen Energiebedarfs zur Erfüllung unserer Grundbedürfnisse.

Die vorhandenen Energiequellen werden nur teilweise genutzt, ein weiterer Ausbau wäre überflüssig.

Das bedeutet wiederum: »Freisetzung von Mitarbeitern«.

Diesen »freigesetzten Mitarbeitern« fehlt das Einkommen, sie sind auf gesetzliche Sozialleistungen angewiesen. Zwangsweise wird das Konsumverhalten bei allen Betroffenen massiv rückläufig, mit negativen Folgen für alle anderen Branchen, die zu unserem Leben gehören und hiervon profitierten.

Die Bautätigkeit beschränkt sich auf ein notwendiges Maß, dadurch wiederum weniger Arbeitsplätze.

Die Urlaubsplanung vieler Menschen entfällt oder wird zurückgeschraubt, dadurch weniger Arbeitsplätze.

An Bekleidung wird gespart, dadurch weniger Arbeitsplätze.

Man beginnt damit, sich selbst zu versorgen, da das nötige Einkommen zum Konsum für lange Zeit fehlen wird. Man ersetzt es durch Tauschgeschäfte bei Lebensmitteln und weiteren, zum Leben dringend benötigten Dingen – wie es nach den Weltkriegen ablief, ist hierfür ein gutes Beispiel. Die Mittel haben aber natürliche Grenzen und sind bald verbraucht.

Eine totale Rezession würde unsere gesamte Lebensweise infrage stellen.

Die Agrarwirtschaft würde alleine zur Schlüsselindustrie, als die hierzu nun nötigen Arbeitskräfte würden sich die »freigesetzten« Mitarbeiter der oben genannten Industriezweige sicher, wenn nötig, gerne anbieten.

Es ginge um das nackte Überleben, und man wäre auch mit Naturalien als Lohn zufrieden.

Unser Lebensstandard würde empfindlich zurückgehen, und das voraussichtlich für sehr viele Jahre.

Wodurch könnte eine Rettung für einen neuen Anfang kommen?

Vielleicht mit einem neuen Schlüsselprodukt?

Zurzeit dreht sich aber alles um Mobilität in Form von Autos, für deren Besitz jeder fast alles machen würde. Das Auto ist der Motor unserer gesamten Weltwirtschaft und die Triebfeder für die meisten Menschen zur Erfüllung ihrer persönlichen Bedürfnisse bis hin zu einem angestrebten Wohlstand.

Ein ähnlich attraktives und obendrein auch noch nützliches Produkt, das für die meisten Menschen Freiheit, Luxus und Wohlstand bedeutet, ist nicht sichtbar.

Ein Ersatz hierfür ist eigentlich nicht vorstellbar, da Mobilität als Produkt alles am Markt Bestehende und Entstandene initiiert.

Was könnte diesen Effekt ersetzen?

Aktuell könnte man der Versuchung erliegen, den sich zurzeit entwickelnden riesigen Bereich der Digitalisierung mit der allumfassenden Datenverarbeitung mit Erfüllung jeder Art von Wissens- und Kommunikationsbedürfnissen als wirtschaftliches Wundermittel und Ersatz zu sehen. Aber auch diese Bereiche sind durch die Mobilität in Form von Autos initiiert.

Noch die fortschrittlichste und attraktivste digitalisierte Datenverarbeitung und Datenübermittlung, die fast von jedermann genutzt wird, ist, für sich alleine gesehen, dagegen nur eine »brotlose Kunst«.

Man kann Daten beinahe in Lichtgeschwindigkeit an jeden Punkt unseres Erdballs und darüber hinaus senden und empfangen. Es ist Hightech vom Feinsten mit unendlichen Möglichkeiten in der Zukunft, bis hin zur Entwicklung einer künstlichen Intelligenz.

Nur das Brot bleibt, wo es ist.

Zur Verteilung und Herstellung braucht es hier weiterhin die alten, konservativen Wege, angefangen mit der Entstehung in einer Backstube über die Verteilung mit den herkömmlichen Transportmitteln bis hin zum Verbraucher – und alle notwendigen Grundsubstanzen zum Backen werden wie gehabt noch immer in der Agrarwirtschaft erzeugt.

Das oben Skizzierte ist sicher ein Horrorszenario. Eine solch folgenschwere Auswirkung durch den Wegfall oder den Rückgang eines einzigen Industriezweiges – in diesem Fall der alles dominierenden Automobilität – erscheint in der ersten Betrachtung eher unrealistisch.

Doch ob wir es wahrhaben wollen oder nicht – die Automobilbranche ist zurzeit auf der Welt die absolute Schlüsselindustrie – nach der natürlich von keinem Menschen wegzudenkenden Nahrungsmittelindustrie.

Wir alle existieren in irgendeiner Form davon, von ganz oben bis ganz unten.

Es wäre im Grunde einfacher aufzuzählen, wer oder was *nicht* von der Autoindustrie abhängig ist. Man kann auch fragen: Was wird warum und wodurch finanziert?

Spinnen wir das Szenario eines Verschwindens der Autoindustrie bis zum bitteren Ende weiter, dann wären wir wieder auf der Stufe eines Agrarstaates.

Die Finanzwelt würde auch nichts daran ändern können, denn irgendwo müssen Werte in Form von Produkten geschaffen werden, mit denen man handeln kann!

Nur unter der Voraussetzung können finanzielle »Luftnummern« überhaupt in Geschäftsabläufe gewandelt werden und Kunden für diese Geschäfte – sowohl für die alten als auch für die neuen fiktiven Finanzspielchen – gefunden werden.

Kein zurzeit bestehendes Produkt könnte alleine in Konkurrenz zum Automobil treten.

Versuchen wir eine Schlussfolgerung, was passierte, wenn das Auto in diesem Moment nicht gegenwärtig wäre: Wie sähe die existenzielle Abhängigkeit aller Lebens- und Arbeitsformen aus?

Das Auto ist Motor und Initiator aller derzeitigen Lebensweisen, jeder lebt direkt oder indirekt von ihm, auch wenn es in unserem Bewusstsein nicht gegenwärtig ist und wir es auch nicht wahrhaben wollen.

Unverzeihlich bleibt es, dieses System mit einer unnötigen und rechtswidrigen Abgasmanipulation zu gefährden.

Der erhoffte Aufschub für das mit Sicherheit kommende Ende der herkömmlichen Verbrennungsmotoren durch elektrische Antriebe wäre ohnehin nicht aufzuhalten, was schon eine Richtung anzeigt, die unsere gesamte Weltwirtschaft radikal verändern wird.

Die Höhe unseres momentanen Lebensstandards ist aber einzig dem Automobil geschuldet.

Wenn es keine Autos gäbe, brauchten wir folglich weniger Maschinen, weniger Flugzeuge, weniger Schienenfahrzeuge, weniger Schiffe, weniger Reisebuchungen, weniger Vergnügungsparks, weniger Energie, keine neue Infrastruktur, weniger Kaufhäuser, weniger industrielle Fertigung, weniger Dienstleistungen, weniger Bildungseinrichtungen, und in der Folge würden sehr viel weniger bezahlte Arbeitsplätze zur Verfügung stehen. Wer wollte den öffentlichen Dienst und unsere Politiker denn dann bezahlen?

Es lässt sich nicht wegdiskutieren: Das Auto ist noch immer ein Goldenes Kalb.

Ein zaghafter Hinweis zur vielgepriesenen Idee des »Carsharings«: Konsequent angewendet, wäre es eine Art »wirtschaftlicher Selbstmord«, da die Autoproduktion deutlich rückläufig werden würde, was nicht ohne wirtschaftliche Folgen in allen genannten Branchen bliebe. Ein geschlossener wirtschaftlicher Kreislauf wäre nicht mehr vorhanden.

Eine Idee für einen Ausgleich ist derzeit nicht gegeben, es sei denn, sie bestünde darin, sich in einer »neuen Bescheidenheit« zu üben.

Machen wir noch eine Bedarfsaufstellung, was für unsere Existenz notwendig ist:

An erster Stelle steht unsere Ernährung.

Es folgt der Körperschutz in Form von Bekleidung in den verschiedensten Varianten.

Ähnlich wichtig ist der Schutz vor äußeren Einflüssen in Form einer Unterkunft.

Das sind drei Grundbedürfnisse, die die Menschen schon in Urzeiten als Selbstversorger versuchten zu befriedigen und die sich bis in die Gegenwart auch nicht geändert haben.

Die ersten Menschen waren Jäger und Sammler, später gingen sie zum Ackerbau und zur Tierhaltung über, wurden in verschiedenen Gruppen sesshaft, und es entstanden erste Gesellschaftsformen.

Irgendwann begann eine Art von Tauschhandel mit einer fortschreitenden Entwicklung bis zum Stand von heute.

Eine Behauptung, die vielleicht naiv klingt:

Alles von den Grundbedürfnissen bis hin zu den Luxusgütern wird in der Gegenwart in letzter Instanz durch das Automobil beeinflusst und finanziert.

Jede Veränderung oder gar Unterbrechung dieser Entwicklung kann nur von uns selbst ausgehen.

Eine selbstkritische Analyse der eigenen Lebensweise wäre der erste Schritt, um dann, mit einer neu gewonnenen Bescheidenheit, das Ziel vielleicht erreichen zu können.

*

»Zurück zur Steinzeit« wäre absoluter Unsinn, jedoch so weiterzumachen wie bisher ebenso.

Das Erreichte zu reformieren, ohne die positiven Dinge infrage zu stellen, sondern das offensichtlich Negative gezielt zu verändern, wäre der einzig richtige Weg.

Eine Aufgabe für alle Menschen, vor allem aber für Wissenschaftler, Philosophen und vordringlich für die Politiker, unser Leben zukunftsfähig zu gestalten.

*

Die Endlichkeit unseres eigenen Lebens ist oft Grund für die Gier nach immer mehr, weil sich die Frage für jeden stellen wird: »Wenn nicht jetzt, wann dann?«

Es ist diese Gier, die zu einem überzogenen Ego führt und uns vergessen lässt, dass alles, was wir mit einer gewissen Blindheit für uns beanspruchen, auf Kosten anderer irgendwo auf dieser Welt erbracht werden muss.

Wir müssen uns bewusst sein, dass es keine einfachen Formeln gibt, um diese Situation wenden zu können.

Eine Grundlage wäre die Anerkennung der Tatsache, dass jeder Mensch den gleichen Wert hat und seine Rechte so lange behält, wie er sich in einem gesteckten Rahmen bewegt und die durch Gesetzgebung vorgeschriebenen Grenzen nicht überschreitet.

*

Die weltweiten Flucht- und Wanderbewegungen der von Krieg und Armut betroffenen Menschen in Richtung einer erhofften reichen und heilen Welt sind entstanden durch die Gier und Ignoranz der wohlhabenden Industriestaaten. Blinder Egoismus hat jedes gesunde Rechtsempfinden und Gespür für Fairness abhandenkommen lassen. Es fehlt eine ethische und wirtschaftliche Balance in der Welt, die allein die Fluchtgründe verhindern könnte.

Neue Fluchtgründe werden erzeugt durch den beginnenden Klimawandel und den daraus folgenden Verlust von nutzbarem Lebensraum für Mensch und Tier.

Wird diese Entwicklung nicht gebremst, könnte sich die Zahl der Flüchtlinge potenzieren und ungeahnte kritische Lebensbedingungen für alle Menschen zur Folge haben. Wir brauchen eine Alternative zum Chaos.

*

3.

Europa als Einheit

Eine gemeinsame Währung kann nur der Beginn – oder nur ein Teil des Beginns – einer wünschenswerten künftigen europäischen Einheit sein.

Sie ist aber ein wichtiger Schritt und Baustein auf dem Weg zu einem zurzeit noch lange nicht erreichten Ziel: der Einheit aller Länder in Europa, inklusive der Aufnahme aller geeigneten und kompatiblen Anwärter, die mit den europäischen Werten im Einklang stehen. Das Entstehen einer »EU+«.

Ohne die europäische Idee infrage zu stellen, muss doch immer hinterfragt werden, welche Hemmnisse einer schnelleren Einigung im Wege stehen.

So sehr es auch wünschenswert ist, den europäischen Gedanken möglichst bald zum Ziel zu führen, sollten die Motive und die Eignung der sich bewerbenden Staaten Punkt für Punkt und ohne jeden Vorbehalt analysiert werden.

Es gilt, einen gemeinsam vertretbaren Weg für alle gesellschaftlichen Schichten mit ihren vielfältigen Mentalitäten, Glaubensbekenntnissen, ihren politischen Ausrichtungen und Ideologien zu finden.

Für die heutigen wie die künftigen Mitgliedstaaten muss eine für alle tolerierbare Basis, eine größtmögliche Schnittmenge an gemeinsamen Werten gefunden und gestaltet werden.

Im Norden und Westen Europas ist eine natürliche

Begrenzung der Ausdehnung durch den Atlantik und durch das Nordmeer gegeben.

Im Süden wäre als Grenze das Mittelmeer vor der nordafrikanischen Küste anzunehmen.

Im Osten aber verwischen sich die Grenzen zwischen den ehemaligen politischen und wirtschaftlichen Blöcken von Ost und West.

Eine Erweiterung in östlicher Richtung sollte in Zukunft als wünschenswerte Option offen bleiben und helfen, bestehende Gräben mit gegenseitiger Toleranz, friedlich und ohne Feindbilder zu überwinden.

Zurzeit besteht die EU aus 28 Staaten, nach vollendetem Brexit werden es dann nur noch 27 sein – nach Aufnahme aller vorhandenen und neuen Anwärter sowie, vielleicht, auch von Rückkehrern sollte es am Ende eine »EU+« geben, die sich aus Staaten mit ähnlichen und kompatiblen Werten zusammensetzt. Diese sollte auch immer für Neuzugänge offen bleiben, mit dem Ziel, maßgeblichen Einfluss mit den aufgeklärten europäischen Wertvorstellungen auf die oft demokratieferne und inhumane Weltpolitik zu nehmen. Es braucht einen langen Atem mit viel Diplomatie und Zeit, um den geografischen Raum Europa durch eine möglichst spannungsarme Annäherung zu einer politischen und wirtschaftlichen Einheit zu machen.

Auf wirtschaftlicher Ebene gelingt das teilweise schon sehr gut, da hier alle Staaten von den jeweils anderen profitieren, durch den wirtschaftlichen Austausch und durch die entsprechenden Ausgleichszahlungen für die wirtschaftlich schwächeren Regionen aus der gemeinsamen EU-Förderkasse. So entsteht durch die EU ein gegenseitiger Nutzen für alle.

Darauf aufbauend kann, durch die persönliche Annäherung der Menschen, jeder in seinem Lebensbereich Kompromissfähigkeit entwickeln, sodass eine friedliche Kooperation auf Augenhöhe für alle möglich wird.

Wo Rechte entstehen, sind natürlich auch Pflichten zu erfüllen.

Von keinem Mitgliedsland darf die Aufnahme in die Europäische Union als Einbahnstraße betrachtet werden.

Die Basis für jede Zugehörigkeit zur EU sollte die Kompatibilität der Wertesysteme sein, sodass auch verschiedene Religionen in gegenseitiger Toleranz neben- und miteinander leben können.

Deutschland liegt zurzeit annähernd im geografischen Mittelpunkt der EU, was nicht heißen soll, dass es daher automatisch Maßstab und Vorbild für alle sein müsste.

Jeder Staat hat seine eigene Bevölkerung mit einer spezifischen, über die Jahrhunderte gewachsenen Kultur, Religion, politischen Ordnung und Mentalität.

Diese Gegebenheiten gilt es einander näherzubringen, durch gegenseitige Aufklärung bei allen vorhandenen Unterschieden einander verständlich und annehmbar zu werden.

Wichtige Grundvoraussetzungen hierfür sind die Kompromissfähigkeit aller Beteiligten sowie der Mut, auch die eigenen Lebensweisen und Vorstellungen infrage zu stellen.

Ein vorrangiges Ziel wäre es, gemeinsame Schnittmengen zu finden. Beginnen könnte man mit einer umfassenden Statusbilanz der sich bewerbenden Staaten.

Das bedeutet eine zum Teil auch schmerzhafte Selbstanalyse, bei der alle Unterscheidungsfaktoren offengelegt und so auch für jeden sichtbar werden müssen.

Es reicht eben nicht, eine gemeinsame Währung zu haben, ohne dabei für kulturelle, wirtschaftliche, soziale, politische, religiöse, ethische, ethnische sowie rechtliche und mentale Belange einen Konsens zu finden.

Hierzu einige kurze, vielleicht banal klingende Beispiele.

Beginnen wir mit einer vereinfachten Darstellung der unterschiedlichen wirtschaftlichen Leistungsfähigkeit:

Staat A benötigt 45 Minuten für die Herstellung eines Produktes.

Staat B verwendet 60 Minuten für das gleiche Produkt.

Die unterschiedlichen Herstellungskosten bei gleichem Marktwert dieser Produkte innerhalb des europäischen Wirtschaftsraumes können unmöglich die Minderleistung von Staat B kompensieren.

Die Folge wäre: Das Einkommen der Produzierenden von Staat B müsste entsprechend geringer sein.

Um die Unterschiede in der sozialen Leistungsfähigkeit der einzelnen Staaten, wiederum nach einfachen und nachvollziehbaren Vergleichskriterien, zu zeigen, ein weiteres Beispiel:

Staat A beschäftigt 10 Prozent seiner Einwohner im

öffentlichen Dienst, Staat B 20 Prozent. Es ergibt sich ein klares Missverhältnis in der jeweiligen sozialen Leistungsfähigkeit:

Staat B muss mit 80 Prozent der Bevölkerung die gleichen Lasten tragen und die Kosten dafür erwirtschaften wie Staat A, der für den gleichen Aufwand 90 Prozent der Bevölkerung zur Verfügung hat. Das Vorgenannte ist natürlich nur vergleichbar bei gleichen Bedingungen für die Lebensarbeitszeit und die Arbeitsdichte, bei gleichem Kranken- und Arbeitslosenstand und so weiter – all dies wären Kriterien für die vorhandene wirtschaftliche Leistungsfähigkeit.

Diese Beispiele sollten ausreichen, um jedem klarzumachen, dass nur Gleiches mit Gleichem verglichen werden kann und eine Interessengemeinschaft auch nur dann krisenfrei funktionieren kann.

Die Politiker der Mitgliedstaaten müssten damit beginnen, eine gemeinsame Basis für ein faires Miteinander zu erarbeiten.

Das bedeutet Annäherung auf allen Feldern, ob in Politik, Bildung, Gesundheitswesen, Arbeitsrecht, Sozialrecht, Rentensystem – und nicht zu vergessen ist die Notwendigkeit eines annähernd vergleichbaren Steuerrechts. Nur so könnte ein faires Miteinander der verschiedensten Staaten gedeihen.

Unser Grundgesetz beruht auf den Menschenrechten, die der Kern aller Betrachtungen sein müssen:

Gleiche Rechte und Pflichten für alle Bürger in Europa und, wenn möglich, darüber hinaus auch weltweit, eine lebenswerte Zukunft für alle Menschen, dieses gemeinsame, für alle Bürger anzustrebende Ziel müssen wir gemeinsam in den Blick nehmen.

Wer Rechte einklagt, muss auch Pflichten erfüllen. Dies ist ein Grundsatz, der vor jeder Aufnahme eines sich neu bewerbenden Staates als Bedingung durch Verträge gesichert sein muss; jeder Verstoß dagegen müsste empfindliche Sanktionen zur Folge haben.

Die Inkonsequenz im Umgang mit den EU-Gesetzen und EU-Richtlinien ist zurzeit ein großer Störfaktor für ein faires, konstruktives und solidarisches Miteinander.

Das Herumeiern von vielen Regierenden und deren Beratern in den Mitgliedstaaten stört die vertrauensvolle Zusammenarbeit und fördert die Skepsis gegenüber dem vermeintlich uneigennützigen Wohlwollen der Regierenden.

In manchen Ländern sind die Grundlagen einer Demokratie noch nicht lange geübt – nach unserer Sicht mögen sie auch nur eine verstümmelte Version davon sein: Autokratie mit Personenkult und Clanwirtschaft passen nicht zur EU.

Die Ächtung aller unsozialen und korrupten Handlungen muss ein Grundsatz auf allen Ebenen in der EU und weltweit werden – schon um Chaos zu vermeiden.

Der Umgang der Länder aus den ehemaligen politischen Blöcken des Kalten Krieges miteinander bedarf einer besonderen Sensibilität.

Es gilt, Brücken zu bauen, um eine gegenseitige Neutralisierung der brauchbaren noch aktiven Bestandteile der ehemals opponierenden Systeme zu vermeiden.

Die Grundbedürfnisse aller Menschen sind ein friedliches Miteinander und ein auskömmliches Leben mit einer positiven Zukunftsperspektive.

Den schon vorhandenen wirtschaftlichen Austausch zwischen beiden Seiten gilt es auszubauen und zu pflegen.

Ein durch nichts zu erschütternder diplomatischer Diskurs sollte im 21. Jahrhundert zwischen den ehemaligen Blöcken, die allesamt aus hochentwickelten und zivilisierten Staaten bestehen, doch möglich sein.

Wenn sich keine der beiden Seiten von religiösen oder ideologischen Wirrköpfen beeinflussen lässt, könnte dieser Prozess einen humanen, demokratischen und pragmatischen Weg vorgeben.

Wichtige Aufgabe für jeden Bewerber im Wartestand wäre das Erreichen eines Mindeststandards zur Erlangung einer Aufnahmereife – ein Prozess, der von allen schon vorhandenen Mitgliedstaaten unterstützend begleitet werden sollte.

Eine Hilfestellung bei der Erreichung einer ausreichenden Infrastruktur und einer entsprechenden sozialen Absicherung ihrer Bewohner würde diesen Prozess deutlich erleichtern; eine unkontrollierte Wanderbewegung in andere, schon bestehende und vielleicht vorteilhafter erscheinende Wirtschafts- und Sozialsysteme ließe sich vielleicht vermeiden. Es wäre sicherlich vorteilhafter, die Sozialstandards wie auch die Arbeitsbedingungen jeweils vor Ort zu stärken. Zum Beispiel durch eine Art Sozialfonds, ähnlich der Entwicklungshilfe für unterentwickelte Staaten, der von allen bereits vorhandenen Mitgliedstaaten, je nach der jeweiligen eigenen Wirtschaftskraft, mitgetragen würde.

Das wäre mit Sicherheit besser, als einen Wettlauf in andere und vermeintlich bessere Systeme zu starten. Die Folge wäre, dass es durch die entstehenden Fluchtbewegungen zu einem Verlust dringend benötigter fähiger Personen in den Herkunftsländern käme und so der notwendige und gewünschte Fortschritt in allen notwendigen Lebensbereichen behindert würde.

Hilfe zur Selbsthilfe wäre, wie stets, auch hier der bessere Weg zu einer wirtschaftlichen und in der Folge auch sozialen Annäherung.

Es gibt nur sehr wenige Menschen, die gerne und freiwillig ihre Herkunftsländer verlassen. Aber wenn diese Menschen keine angemessene Lebensperspektive für sich und die eigene Familie erkennen können, ist es ihnen nicht zu verdenken, wenn sie auch diesen Weg versuchen werden.

Zurzeit werden weltweit immer schneller wachsende Fluchtbewegungen registriert. Sie haben verschiedene Ursachen, etwa Bürgerkriege und dadurch die Verarmung und die Zerstörung großer Lebensräume, beispielsweise im Einflussbereich des selbsternannten »Islamischen Staates«.

Dessen Entstehung wurde hervorgerufen durch religiöse Wirrköpfe.

Nach der Zerstörung der bis dahin doch vorhandenen, wenn zum größten Teil auch autoritären Ordnungssysteme konnte der IS das entstandene Machtvakuum konsequent für sich nutzen.

Möglich gemacht haben dies militärisch agierende

westliche Kräfte, die diese Regionen nach dem Verlassen der zerstörten Regimes weitestgehend im Stich ließen, ohne sich um die Folgen auch nur im Geringsten zu kümmern.

Eine noch größere Verelendung in vielen Lebensbereichen ist durch wirtschaftspolitische Fehlentwicklungen mit katastrophalen Folgen für die sogenannten Schwellenländer entstanden.

Die Hilfe vor Ort wäre auch hier für die EU und alle anderen Staaten der kostengünstigste und humanste Weg zu einem chaosfreien und friedlicheren Miteinander.

Ein dosierter Austausch der EU-Bürger und auch aller anderen Weltbürger untereinander auf freiwilliger Basis könnte eine Bereicherung für alle sein, was durch entsprechende Einwanderungsgesetze auch realisiert werden könnte und müsste.

Allerdings wird es immer Kompromisslose und Unbelehrbare geben, die nur egoistisch ihre eigene Wahrheit akzeptieren, weil sie sich mit hergeholten Begründungen für »auserwählt« halten.

Diese unverbesserlichen, sich selbst Absolution erteilenden Menschen sind in allen Kontinenten und Kulturen reichlich vorhanden und der eigentliche Hinderungsgrund für das genannte chaosfreie und friedlichere Miteinander.

Ein nicht strittiger Grundsatz für jede Neuaufnahme in die EU ist die vollständige Anerkennung der Menschenrechte, denen alle ideologischen und religiösen Dogmen unterzuordnen sind.

Zurzeit sind weltweit schon mehr als 60 Millionen

Menschen auf der Flucht vor Krieg und unwürdigen Lebensverhältnissen, und eingedenk des Umstands, dass die Auswirkungen des Klimawandels diese Zahl in der Zukunft noch potenzieren könnte, schwindet die Hoffnung auf eine baldige Wende.

Eine Einigkeit unter den Mitgliedsländern unserer bestehenden EU wird immer unwahrscheinlicher.

Die aufkommenden Probleme ergeben sich durch die immer größer werdenden Flüchtlingsströme, die sich zurzeit in Richtung des größtmöglich zu vermutenden Wohlstands in den wohl zurzeit humansten und liberalsten Staaten in Mitteleuropa bewegen.

Demgegenüber ist bei vielen EU-Mitgliedern eine offene Ablehnung aller fremden Kulturen auch nicht mehr zu übersehen.

Natürlich können wir nicht erwarten, dass nur Heilige zu uns kommen werden, es sind Menschen, so verschieden wie wir selbst. Es sind natürlich auch schwarze Schafe darunter, von krimineller Herkunft bis hin zu getarnten Auftragsterroristen.

Diese zu erkennen und deren Einreise zu verhindern, ist Voraussetzung, um eine positive Integration aller anderen Schutzsuchenden möglich zu machen. Nicht aufenthaltsberechtigte und vor allem kriminell gewordene »Pseudoflüchtlinge« müssten in der Folge ausgewiesen werden.

Mit gegenseitiger Toleranz und gutem Willen sollte das Bestmögliche daraus entstehen können.

Eine gegenseitige Aufklärung über die Kultur des jeweils anderen, aber auch das Erlernen der Sprache des jeweiligen Gastlandes wären erste notwendige

Schritte und für das Gelingen einer Integration eine zwingende Voraussetzung.

Nach umfassender Aufklärung muss auf jede Weigerung, die Menschenrechte und das Grundgesetz mit der absoluten Gleichberechtigung von Mann und Frau zu respektieren, eine Ausweisung erfolgen. Gleiches gilt bei Verweigerung oder Fälschung der persönlichen Herkunftsdaten.

Vorkommnisse wie in Köln zum Jahreswechsel 2015/16 offenbarten eine absolute Respektlosigkeit von überwiegend nordafrikanischen Männern mit einer ausgeprägten Machomentalität gegenüber fast allen weiblichen Wesen.

Dieses Verhalten ist mit nichts zu entschuldigen!

Das Bewusstsein und die Anerkennung, in einer säkularen Staatsform zu leben, in der Frauen und Männer gleichwertig und gleichberechtigt sind, ist eine nicht verhandelbare Voraussetzung.

Aus der aufkommenden Uneinigkeit vieler Mitgliedstaaten erwächst die Gefahr eines Zerbrechens der Europäischen Union, was eine neue Kleinstaaterei zur Folge haben könnte – siehe die Separationsbewegungen in Spanien.

Diese hoffentlich noch zu verhindernde Entwicklung würde das Gegenteil des ursprünglich angestrebten Zieles bedeuten, eines Zusammenwachsens aller Staaten.

Ein konsequentes Handeln ist nötig bei der Aufnahme der zurzeit nach Europa flüchtenden Menschen, die bislang nur unzureichend registriert wurden – das dadurch entstandene Chaos hat jede Idee eines geregelten Ablaufs konterkariert.

Die Verteilung der geflüchteten Menschen auf die einzelnen EU-Staaten ist ein weiterhin nicht geregeltes Problem. Die Gegenwehr einiger Mitglieder gegen einen vorgegebenen Verteilungsschlüssel, der die jeweilige Einwohnerzahl sowie Finanz- und Wirtschaftsstärke berücksichtigt, verhindert bislang eine solidarische Politik.

Das Schließen der eigenen Grenzen sowie das Durchwinken von Flüchtlingsströmen in Richtung einiger weniger Staaten der EU blockieren jede Solidarität bei der Bewältigung der entstehenden Lasten. Viele EU-Staaten übersehen gerne, dass den Erstaufnahmeländern der Flüchtenden eine entsprechend solidarische Unterstützung oft auch von den bereits bestehenden und nicht direkt betroffenen Mitgliedstaaten der EU verweigert wird.

Ablehnung von Menschen aus fremden Kulturen gibt es überall, auch bei uns, sie ist nicht nur ein spezifischer Einzelfall in bestimmten Regionen.

In verschiedenen Bundesländern kam es zu Protestaktionen von Einwohnern gegen die Aufnahme von Flüchtlingen, sie reichten von rassistischen und fremdenfeindlichen verbalen Angriffen bis zu gewalttätigen und kriminellen Übergriffen abscheulichster Art.

Die Hauptlast der Integration wird zu oft von ehrenamtlichen Helfern geschultert, die auch viel zu lange am persönlichen Limit agieren müssen.

Es ist deshalb überfällig, dass die dafür zuständige politische Klasse vorzeigbare Strategien entwickelt, um überschaubare und nachvollziehbar geregelte Abläufe zu gewährleisten.

Stattdessen aber sieht man inkompatible Meinungen aufeinandertreffen, die fast jeden Tag mit einer anderen Philosophie für neue Lösungen einhergehen – man muss die Frage stellen dürfen, ob hier irgendjemand noch ganz bei Trost ist.

Jeden Tag wird hier eine neue Sau durch das Dorf getrieben! Die eine Seite sieht eine aufblühende Wirtschaft durch die Integration aller Flüchtlinge – als wäre es schon morgen so weit! Die andere Seite, die der Miesmacherfraktion, sieht den Untergang des Abendlandes auf uns zukommen.

Beides sind unnütze Zuspitzungen, die zu nichts führen als zu einer Polarisierung der Gesellschaft. Ausgeprägter Rassismus war Ursprung vieler vergangener Kriege – so gilt es selbstverständlich auch, jeden zusätzlich eingeschleppten Rassismus und Antisemitismus sofort und konsequent zu unterbinden.

Eine klare Ansage von den Regierenden ist nötig, mit klaren Regeln für die zurzeit bestehende Situation. Die Grundversorgung mit Nahrung, Kleidung sowie Schutz vor äußeren Einflüssen wäre ein erster Schritt des Gastgeberlandes! Danach aber muss die Registrierung einer jeden Person ohne Wenn und Aber erfolgen.

Lehnt ein Asylsuchender die Registrierung ab oder versucht er sie gar zu verhindern, muss das unausweichlich negative Konsequenzen für ihn haben.

Hierzu gehören das vorsätzliche Vernichten und der Handel mit den eigenen Identifikationsunterlagen ebenso wie die Benennung falscher Fluchtursachen, etwa die Angabe im Herkunftsland begangener krimineller Taten, mit dem Hinweis, dass das dort drohende Strafmaß das eigene Leben bei Rückkehr gefährden würde.

Die Fantasie mancher Ankömmlinge, um den Schutzstatus eines Flüchtlings zu erreichen und so in einem europäischen Staat bleiben zu können, geht zurzeit ins Grenzenlose.

An Dreistigkeit kaum zu übertreffen ist eine Mehrfachregistrierung von einigen Flüchtlingen – natürlich spielt dem die Unfähigkeit der entsprechenden Ämter in die Hand, jede Art von Betrug vorbeugend auszuschließen.

Hilfe erhalten durch betrügerische Angaben, das muss eine strafrechtliche Ahndung nach sich ziehen: ein Verfahren entweder aufgrund des persönlichen Geständnisses, ein Verbrechen im Heimatland begangen zu haben, oder wegen Erschleichung von nicht gerechtfertigten Sozialzuwendungen.

Nicht nachvollziehbar und befremdlich ist es auch, wenn sogenannte Flüchtlinge nach einem gestellten Asylantrag ihren Urlaub wieder im Herkunftsland verbringen, wo angeblich doch ihr Leben gefährdet sei, wie sie eben noch als Fluchtgrund angegeben hatten.

Inkonsequent bleibt auch die Behandlung von sogenannten unbegleiteten, minderjährigen Flüchtlingen, die straffällig wurden, ohne einen Altersnachweis jedoch als »nicht strafmündig« eingestuft werden und so auch bei den schwersten Verbrechen mit einem geringen Strafmaß davonkommen.

Man muss fragen dürfen: Ist das nur die Unfähigkeit unserer Ämter in Verbindung mit der Dreistigkeit einiger weniger Asylbewerber, die einer Ablehnung entgehen wollen?

Wenn das Alter nicht anderweitig feststellbar ist, wäre eine medizinische Untersuchung unausweichlich.

Wo für den Asylsuchenden am Ort keine aufnehmende Gasteinrichtung zur Verfügung steht und ein Asylantrag nicht positiv entschieden ist, wird der künftige Aufenthalt bis zur endgültigen Statusklärung vom Gastland bestimmt und nach einer aufklärenden Unterrichtung zugeteilt.

Jeder Asylsuchende erhält Unterricht in der Landessprache des Gastlandes, über Kultur und Rechtswesen, mit den wesentlichen Grundsätzen der jeweiligen Verfassung, die das Wertesystem des Gastlandes darstellen. So zum Beispiel überall in der EU die Gleichwertigkeit von Mann und Frau und das Vorhandensein einer säkularen Staatsform mit einer strikten Trennung von staatlichen und religiösen Institutionen.

Bei einer größtmöglichen Religionsfreiheit bleiben doch die staatlichen Gesetze über alle anderen, nicht staatlichen Regelungen dominierend.

Dies anzuerkennen ist die grundsätzliche Pflicht eines jeden Asylsuchenden und von diesem ohne Wenn und Aber zu akzeptieren – es ist, neben dem Erlernen der Landessprache, eine der wesentlichen Bedingungen, um das gewünschte Bleiberecht zu erhalten.

Die Vereinbarkeit verschiedener Kulturen dürfte bei gegenseitiger Akzeptanz und Einhaltung unserer demokratischen Regeln und mit Toleranz und gutem Willen für alle Seiten möglich sein und einer »Willkommenskultur« denn auch nahekommen.

Die vielen ehrenamtlich tätigen Menschen sollten vonseiten unserer Regierenden tatkräftig mit geschultem Vollzeitpersonal unterstützt werden – vorübergehend, bis der dafür vorgesehene Verwaltungsapparat den benötigten Personalstand erreicht hat, vielleicht sogar durch Soldaten, die eine Ausbildung zu Struktur und Disziplin schon mitbringen.

Dies wäre ein Gegensatz zu den herumlavierenden Politikern, die zurzeit nicht einmal das Notwendigste zur Chaos-Vermeidung auf die Reihe bekommen und so bei vielen Menschen ein doch vermeidbares Unbehagen erzeugen. Zum Glück ist es nicht überall so.

Eine zwingende Herausforderung für alle Regierenden in der EU und weltweit ist es, einen Konsens für ein gemeinsames Vorgehen gegen das terroristische IS-Regime zu finden – sowie gegen weitere ideologisch irregeleitete Akteure.

Als deren gemeinsamer Feind gilt die »freie westliche Welt« mit der Gleichstellung von Mann und Frau, in der auch gleichgeschlechtliche Verbindungen möglich sind. Aus IS-Sichtweise ist das Teufelswerk und muss darum erbarmungslos vernichtet werden.

Bei solchen Auffassungen wird jeder diplomatische Diskurs sinnlos.

Als fauler Kompromiss zur Begrenzung der Flüchtströme aus den verschiedenen Krisengebieten besteht zurzeit ein Abkommen mit der Türkei.

Die Türkei ist ein EU-Bewerber und absurderweise zugleich bestrebt, sich in Richtung »Sultanat« zu entwickeln. Sie ist dabei, mit Waffengewalt sogenannte Terroristen innerhalb und außerhalb ihrer Grenzen zu bekämpfen sowie oppositionelle Politiker und auch nicht genehme Journalisten aus dem In- und Ausland mit fadenscheinigen Anschuldigungen wegzusperren.

Solche Vorkommnisse führen die Idee einer erfolgreichen EU-Bewerbung ad absurdum.

Demokratie und Autokratie mit angestrebtem Totalitarismus und sichtbarem Personenkult sind absolute Gegensätze und ohne jede Chance auf eine verträgliche Vereinbarkeit.

Ein rückwärtsgewandter, nicht ganz neuer Trend ist das Streben nach größerer Unabhängigkeit einiger EU-Mitgliedstaaten.

Aktuelles und brisantestes Beispiel ist der »Brexit«, also der durch ein Referendum beschlossene Ausstieg von Großbritannien aus der EU.

Die Hoffnung bleibt auf eine Rücknahme nicht konsequent durchdachter Beschlüsse.

Das wichtigste Argument gegen einen EU-Austritt wäre die derzeitig bestehende Friedenssicherung, die auf einem stetigen Aufeinander-Zugehen und dem dadurch gewachsenen Verständnis der europäischen Staaten untereinander ruht, eine in Europa inzwischen über 70 Jahre währende Konstante, bei der es hoffentlich bleiben wird.

Gerade in den letzten Jahrzehnten war diese Entwicklung für alle im europäischen Raum wohltuend erkennbar: Frieden und ein auskömmliches Leben mit einer positiven Zukunftsperspektive für jeden.

Dieses Ziel sollte die wichtigste Maxime für alle politischen Entscheidungen sein.

Es sind dies die Grundbedingungen und die Basis für eine von den meisten Menschen wohl auch gewünschte neue Weltordnung! Eine Welt ohne Hass und ohne Neid. Eine Welt ohne unsinnige Kriege, wie sie derzeit vor allem im arabischen und afrikanischen Raum vielen Menschen ihre Lebensgrundlage zerstören.

Städte, die in Jahrhunderten aufgebaut wurden, mit einer lebenswerten Infrastruktur zum Wohlfühlen, mit Platz für viele Menschen mit verschiedenen Glaubensbekenntnissen nebeneinander und miteinander: in wenigen Jahren total zerstört, von Personen im religiösen Wahn, die mit ihrer menschenverachtenden Grausamkeit vor jedem Gott eigentlich jede Chance verspielt haben müssten.

*

Im EU-Staat Spanien steht spätestens seit dem Referendum 2017 die Abspaltung von Katalonien zur Unabhängigkeit von Spanien auf der Agenda. Vergleichbare Trends findet man auch in weiteren Staaten der EU, die dringend mit allen diplomatischen Mitteln verhindert werden sollten.

Eine Alternative zum Chaos.

*

4.
Globalisierung

Globalisierung ist ein Begriff für die zunehmende internationale Öffnung und Verflechtung aller denkbaren Lebensbereiche.

Ein Begriff, der Verwendung findet für alles, was infolge dieser weltumspannenden Öffnung um uns herum geschieht und auf unser aller Leben unvermeidbar maßgeblich Einfluss nimmt.

Globalisierung meint auch gesellschaftlichen und kulturellen Austausch, Erwerb von Kenntnis über religiöse und ideologische Eigenarten der verschiedenen Wirtschafts- und Politiksysteme.

Den einen erscheint die Globalisierung als Segen, als eine Erweiterung der eigenen Möglichkeiten im Zuge eines wachsenden wirtschaftlichen Austauschs und dank einer fast unbegrenzten Reisefreiheit. Ihrer Ansicht nach ist die Annäherung und Auseinandersetzung mit anderen Lebensformen und die dadurch wachsende gegenseitige Toleranz für alle Seiten von großem Nutzen.

Andere sehen in der Globalisierung eine Katastrophe, mit einschneidenden Folgen für die eigene bisherige Lebensweise, mit negativen Auswirkungen durch die wachsende Konkurrenz von Anbietern und vor allem »Unterbietern« in Produktion, Handel und Dienstleistungen. Sie sehen auch eine Gefahr in den Möglichkeiten einer illegalen Übernahme von technischen Entwicklungsständen, die einer gegenseitig gesicherten Vertragsregelung zuvorkommt.

Wie auch immer: Jeder kann mit jedem weltumspannenden Handel betreiben, und somit können die verschiedenen Kulturen auf den internationalen Bühnen einander näherkommen.

Es herrscht auf dieser internationalen Ebene aber ebenso auch ein »Jeder-gegen-jeden«.

Und so werden, gewollt oder ungewollt, die immer noch bestehenden Gräben zwischen den vielfältigen politischen und religiösen Ordnungssystemen noch vertieft.

Es ergibt sich eine Auslegungsvielfalt für den Begriff »Globalisierung«, der beinah so verschieden lesbar ist, wie die Menschen in ihrem persönlichen Erscheinungsbild und ihrer Glaubenszugehörigkeit oder sonstigen Weltanschauung verschieden sind.

Im negativsten Fall bleiben Menschen in ihrem Glauben fanatisch, intolerant und somit für alle liberalen und freiheitlichen Richtungen unempfänglich. Bei uns gilt aber ein Grundgesetz, das ebenso mit »fundamentalen« und nicht verhandelbaren Menschenrechten ausgestattet ist.

Dieses Grundgesetz ist entstanden aus den Erfahrungen einer rassistischen und antisemitischen Diktatur, die bei der Mehrzahl aller Menschen den Wunsch hervorbrachte, dass sich dergleichen niemals wiederholen dürfe.

Wie sieht unsere Welt zurzeit aus, und in welche Richtung wird sie sich in der Zukunft verändern?

Die geopolitischen Verhältnisse befinden sich in einem permanenten Wandlungsprozess, inklusive der Verschiebungen geografischer Grenzen. Verschwunden sind diese Grenzen aber noch lange nicht, und gerade die Vermischungen von politischen Ideologien und Glaubensrichtungen lassen wieder neue Gräben entstehen.

Die wesentlichen Gegensätze werden heute durch Fundamentalisten der verschiedensten Richtungen bestimmt, die sich in der fehlenden Toleranz gegenüber Andersdenkenden oft zu leichtfertig einig sind.

Leider ist der momentane Trend in vielen Glaubensrichtungen und Ideologien, immer überzogenere Machtansprüche für den jeweils eigenen Weg zu erheben wodurch die Intoleranz und Ignoranz gegenüber allen anderen Richtungen weiterwächst bis hin zu kriegerischen Auseinandersetzungen.

Als die Weltlage noch von sich gegenüberstehenden, gefestigten politischen Blöcken geprägt wurde, schien die Wahrscheinlichkeit, sich durch diplomatische Gespräche am Verhandlungstisch näherzukommen oder sich wenigstens in Grenzen zu tolerieren, um ein Vielfaches größer als heute zu sein.

Durch den Egoismus, den Machthunger und die Gier vieler korrupter Fürsten, Warlords, Politik- und Religionsführer, die oft in ihrem Größenwahn auch noch über Leben und Tod ihrer Mitmenschen bestimmen wollen, werden friedliche Lösungen heute immer schwieriger.

Alle aktuellen Krisen auf unserem Globus folgen einem ähnlichen Muster:

Unter einer machtbesessenen, autokratischen bis

diktatorischen und oftmals religiös geprägten Führung, die oft selbst durch einen Militärputsch etabliert wurde, kommt es, auch dank der ihr ergebenen korrupten Mitläuferschicht, zu einer Einschränkung von Menschenrechten und zur Verarmung derjenigen Bürger, die nicht zur Führungsschicht oder der von der jeweiligen Führung bestimmten Glaubensrichtung gehören.

Es entsteht eine immer ärmer und rechtloser werdende Mittel- und Unterschicht, die mit dem Rücken zur Wand steht und um das nackte Überleben kämpfen muss, da außerhalb der regierenden Clans nicht mehr mit Protektion zu rechnen ist.

Durch den wachsenden Egoismus vieler dieser Menschen bleibt das faire Miteinander, in allen möglichen Lebensbereichen, oft endgültig auf der Strecke.

Ein Teil der führenden Industriegesellschaften macht sich aus purem Profitwillen diese Gegebenheiten erbarmungslos zunutze und moralisiert obendrein auch noch scheinheilig über die Verhältnisse in diesen Ländern, anstatt ihnen grundsätzliche Hilfestellung anzubieten.

Obendrein ist der weltweite Handel mit den vorhandenen Ressourcen sehr unfair und fast immer zum finanziellen und wirtschaftlichen Nachteil der ärmeren Länder.

Dadurch entsteht, für alle auch vorhersehbar, der beste Nährboden für diejenigen, die mit Hasstiraden gegen alles agitieren, was aus der sogenannten freien westlichen Welt hervorgeht, es schließlich oft mit blutigem Terror bekämpfen.

In Ländern, die von politischen oder religiösen Familienclans oder Oligarchen mit sozialistischem Ursprung beherrscht und ausgebeutet werden, herrscht die Unmoral. Besitz und Machtfülle kommen nur einem kleinen, korrupten Kreis zugute, und alle nicht legal entstandenen Vorteile werden ausschließlich innerhalb dieses Kreises vererbt. Das darf nicht toleriert werden, sollte vorzugsweise aber auf dem – leider immer noch deutlich mühevolleren – diplomatischen Weg und ohne Gewalt anzuwenden geändert werden.

Dem gleichzustellen ist der Zustand in sozialistischen Ländern, in denen Politfunktionäre zu Milliardären werden können, obwohl kein Verhältnis zu irgendeiner persönlich erbrachten Leistung zu erkennen ist.

Zurzeit bleiben alle gut gemeinten Veränderungsbemühungen ohne das erhoffte und gewünschte Ergebnis. Die Vorstellung, dass ein Überstülpen unseres eigenen Systems eine sofortige Lösung aller Probleme in diesen Ländern herbeiführen werde, ist mehr als naiv und wohl fern jeder realistischen Möglichkeit.

Es wäre aber eine wünschenswerte Alternative zum Chaos. Es bedarf einer behutsamen Annäherung und geduldiger Überzeugungsarbeit, gewohnte Lebensumstände und gewachsene Mentalitäten zu ändern.

An unserem System muss noch viel gearbeitet werden, damit es dem Anspruch auf Vorbildlichkeit so gerecht wird, dass es global zur Nachahmung tauglich wird – und auch dann würde fraglich bleiben, inwiefern andere Kulturen es annehmen würden.

Arroganz und Überheblichkeit sind hier wie überall fehl am Platz.

Wirtschaftlicher Austausch ist immer der erste Schritt in Richtung gegenseitiger Akzeptanz. Und das, was man allgemein gerne als Schwäche interpretiert, nämlich eine hartnäckig angewandte Diplomatie, könnte doch noch zu einem gewünschten Erfolg führen. Es fehlen aber oft die Einsicht und der Wille, mit Toleranz die Dinge zum Besseren zu ändern.

Differenzen mit Gewalt beseitigen zu wollen ist der Irrweg, mit dem alle Kriege ihren Anfang genommen haben und der nichts als Zerstörung und Leid gebracht hat.

Trotz der Überzeugung, dass unser Staat zwar nicht perfekt, aber eines der zurzeit besten denkbaren Systeme auf unserem Globus ist: Wir sollten uns die Unzulänglichkeiten unserer Bundesrepublik ansehen, nach erfolgter Analyse ihre Mängel benennen und überlegen, wie sie abzustellen wären. Denn wollen wir einer neuen, gerechteren Weltordnung den Weg bereiten, dann sollten wir bei uns selbst anfangen, bevor wir anderen Gesellschaften Empfehlungen geben. Denken wir daran:

Es bedurfte auch bei uns eines langwierigen Prozesses, bis wir den heutigen Stand erreicht hatten, auf dem wir weiter aufbauen wollen.

Der erste diplomatische Baustein ist ein wirtschaftlicher Austausch, bei dem sich die Beteiligten auch persönlich auf Augenhöhe näherkommen können. So wird die Grundlage für die notwendige Kompromissfähigkeit geschaffen, ohne die es zu keiner ge-

genseitigen Akzeptanz der verschiedensten Kulturen, Mentalitäten und Religionen kommen kann.

In der Folge kann sich ein Austausch auf allen Ebenen der Zusammenarbeit und des Zusammenlebens ergeben, in Fairness und mit allen Beteiligten auf Augenhöhe.

Wenn es zurzeit auch noch utopisch erscheinen mag, sollte man die Hoffnung auf eine solche positive Entwicklung nicht aufgeben.

Es gibt aber auch andere Seiten der Globalisierung, die keine Grenzen beachtet und so die Lebensqualität von uns allen infrage stellen kann.

Mit den Grundbestandteilen des uns umgebenden Lebensumfeldes auf der Erdoberfläche verhält es sich wie mit Luft und Wasser: Sie kennen keine Staatsgrenzen und scheren sich nicht darum, diese zu überschreiten oder zu verletzen.

Nehmen wir die Strahlung, die durch einen Störfall aus einem beliebigen Atomkraftwerk irgendwo auf dieser Welt austreten kann:

Die Atmosphäre und auch das Wasser sorgen schon für die uneingeschränkte Verteilung um den gesamten Erdball und hinterlassen auch keine unberührten, für alle Zeiten glücklichen Inseln.

Das Gleiche gilt natürlich auch für alle anderen Arten der Verschmutzungen des Wassers oder der Luft. Werden sie zu spät erkannt, werden sie oft unumkehrbare existenzielle Folgen nach sich ziehen.

Fazit: Kein Staat ist eine Insel, und keiner ist ohne Mitverantwortung für alles, was auf unserer Welt geschieht.

In der Vergangenheit sind grundsätzliche, gravierende Fehler im wirtschaftlichen und kulturellen Miteinander geschehen – und geschehen auch heute noch –, die unser aller Zusammenleben vor die härteste Herausforderung seit der Beendigung des Zweiten Weltkrieges stellen.

Ein »Weiter so« wie bisher führte zu einer kontinuierlichen Zunahme der Weltbevölkerung – nach aktueller Prognose werden es um das Jahr 2050 schon mehr als neun Milliarden Menschen sein, die unseren Erdball bevölkern.

In Verbindung mit der zunehmenden Industrialisierung und der bei vielen Menschen immer noch fehlenden Sensibilisierung für einen schonenden Umgang mit den natürlichen Ressourcen steht uns ein immer weiterverbreitetes Vermüllen unserer gemeinsamen Lebensräume bevor. Hier bedarf es dringendst einer schnellen Kurskorrektur.

Es muss ein kompletter Wandel in Philosophie, Wirtschaft und Politik zu einer neuen Weltordnung führen, die die Grundlage für ein humanes und lebenswertes Dasein mit weitestgehender Chancengleichheit für alle schafft. Das Ziel darf nicht allein nacktes Überleben sein.

Die erste Grundbedingung, um diese neue Weltordnung erreichbar zu machen:

Alle Menschen, Frauen wie Männer, sind gleichwertig, und bestehende Gesetze sind für jeden, konsequent und ohne Ausnahme, gleichermaßen gültig.

Alle Religionen und Ideologien sind gleichwertig und

in einer säkularen Gesellschaftsform für alle annehmbar zu gestalten und zu tolerieren.

Global bestehen derzeit unzählige Arten von Staatsformen mit den verschiedensten Ausprägungen.

Bei uns reden wir von einer »repräsentativen Demokratie«: Das heißt, Sachentscheidungen werden nicht direkt und unmittelbar vom Volk, sondern durch gewählte Abgeordnete getroffen. Das wird auch als »parlamentarische Demokratie« bezeichnet.

Der Vorteil dieses Systems ist es, allzu sprunghafte Meinungsänderungen im Volk selbst auszufiltern. Stattdessen werden hier die im Parlament vorgeschlagenen Sachverhalte bis zu einem mehrheitsfähigen Beschluss ausdiskutiert, der dann auch für alle anderen seine Verbindlichkeit hat.

Die gewünschte Parteienvielfalt macht eine Kompromissfähigkeit der gewählten Volksvertreter und ihrer verschiedenen Sichtweisen erforderlich. Im krassen Gegensatz hierzu sind autokratische bis diktatorische Regierungssysteme, die von einer Person oder einem Clan geführt werden und fast immer jeder freiheitlichen Grundordnung entgegenstehen, oft die Menschenrechte missachten und in denen keine Gleichheit vor dem Gesetz garantiert ist.

Neben den Regierungsparteien sind Oppositionsparteien notwendig, die eine gewisse Mäßigung und Transparenz aller neuen Beschlüsse garantieren sollten.

Die Macht der Lobbyisten ist der größte Störfaktor bei Gestaltung neuer Gesetze, so diese den Interessen ihrer Auftraggeber entgegenstehen. Sie verstehen es, auf Politiker Einfluss zu nehmen, dass ihre eigenen Interessen als erstrangig behandelt werden.

Wiederholt versuchten die führenden Industrieländer, auf Gipfeltreffen wie dem G8 oder ohne Russland als G7 oder, wie 2017, im erweiterten Kreis als G20 in Hamburg über Gespräche neue Gemeinsamkeiten anzustreben.

Die Hauptakteure sind die mächtigsten und wirtschaftlich einflussreichsten Industriestaaten sowie die wichtigsten aufstrebenden Schwellenländer mit einem schnell wachsenden Handelspotenzial.

Nicht dabei sind die ärmsten Staaten unserer Welt, die Hilfe am dringendsten nötig hätten.

So erhalten beispielsweise fast alle Länder des afrikanischen Kontinents keine hörbare Stimme, außer noch im fast abgewrackten UNO-Gipfel, wo ihre Grundprobleme wegen vorhandenem Durchsetzungsmangel meistens unhörbar bleiben. In der Folge bleiben ihre prekären Lebensverhältnisse unverändert.

Das Wichtigste wäre die verbale Auseinandersetzung mit allen Staaten dieser Welt, ohne jegliche Ausnahme. Der Ausschluss als Sanktion für eine nicht genehme Handlung irgendeines Staates gegen einen anderen Staat ist gänzlich kontraproduktiv und verhindert jede Friedensbestrebung.

Es gibt nur wenige Staaten, deren Handeln für alle akzeptabel wäre, wie es auch keine Regierungsform und keine Regierenden gibt, die nie zu kritisieren wären. Ein offener und fairer Umgang miteinander sollte ausschließlich auf diplomatischem Wege angestrebt werden und zu einer Balance aller Interessen führen.

Türen zuzuschlagen gilt nicht, und ebenso wenig ein Verschließen der Augen vor hausgemachten Problemen wie der Klimaveränderung, die ganze Lebensräume auf unserem Erdball vernichtet.

*

Gewalttätige und ausufernde Pseudoprotestbewegungen wie in Hamburg beim G20-Gipfeltreffen werden überwiegend durch kriminell handelnde Krawalltouristen zur reinen Randale und zum Abbau von persönlichem Frust genutzt.

Eine kleine Minderheit versucht, für eine aus ihrer Sicht ideale und gerechte Welt zu demonstrieren, und ein Heer von genannten Krawalltouristen nutzt die Naivität dieser Idealisten für ihren persönlichen Krieg gegen alles Etablierte – und praktiziert nur reinen Vandalismus, scheut dabei nicht einmal vor körperlichen Schäden bei ihren sogenannten Gegnern zurück, zu denen auch und vor allem unsere eingesetzten Ordnungshüter gezählt werden.

Demokratie sollte heißen, mit einer verbalen Auseinandersetzung und gewaltfrei das, was nicht gefällt und was Schaden für die Menschen bedeuten könnte, abzuwenden und in eine positive Richtung zu lenken.

*

Das Erreichen einer Chancengleichheit für alle Menschen muss das Ziel jeder Entwicklungshilfe der führenden Industrieländer für den Anschluss und den Aufbau aller Entwicklungsländer sein.

Ausnahmslos sollte jeder mit jedem über alles reden, was für den Fortschritt in Richtung eines fairen Handels notwendig ist – Ziel muss sein, dass die heutigen Entwicklungsländer sich aus eigener Wirtschaftskraft tragen, sodass sich im Ergebnis niemand abgehängt fühlen darf.

Für alle Staaten dieser Erde muss Diplomatie bedeuten, bei allen vorhandenen Differenzen akzeptable Ergebnisse für ein friedliches Miteinander zu erzielen, als Alternative zu einem weltweit herrschenden Chaos.

*

5.
Digitalisierung und Industrie 4.0

Mit der Digitalisierung eröffnet sich ein facettenreiches und sich ständig weiterentwickelndes Spektrum von Anwendungsmöglichkeiten in fast allen denkbaren Lebenssituationen bis hin zur Entwicklung und Nutzung einer »künstlichen Intelligenz«.

Das Ganze hat aber auch gewöhnungsbedürftige Begleiterscheinungen und Nebenwirkungen. Die schier unendliche Erweiterung von Kommunikationsmöglichkeiten und der scheinbar unbegrenzte Zugriff auf aktuelle Informationen fast aller Wissensgebiete unserer Welt tangiert unser gesamtes gesellschaftliches und berufliches Leben.

Die Voraussetzung von Kommunikationsvielfalt ist immer eine gleiche Sprache der Kommunizierenden. Irgendwann entstand einmal ein Bedarf für die Kommunikation über größere Distanzen, vorerst mit einfachsten Möglichkeiten: Rauch- und Lichtzeichen, akustische Zeichen wie das Klopfen auf einen hohlen Baumstamm bis hin zu Schlaglauten auf einer selbst gefertigten Trommel.

Die Übertragungsmöglichkeiten dieser Daten stießen in puncto Entfernung und Geschwindigkeit schnell an ihre Grenzen.

Eine erste, einfache Verschlüsselung war auch schon dadurch gegeben, dass die so übermittelten Nachrichten nur von den Ausführenden und einigen weiteren Eingeweihten verstanden wurden.

Man musste dieselbe Sprache sprechen, um die übermittelten Zeichen zu verstehen.

Ein wesentlicher Fortschritt war um das Jahr 1900 der Beginn der Übertragungsmöglichkeit von akustischen und visuellen Signalen durch die Entwicklung der Morsezeichen in Verbindung mit der Erfindung und dem Einsatz der Funktelegrafie.

Nun bestand nach einer kontinuierlichen, raschen Weiterentwicklung bald die Möglichkeit, Mitteilungen in annähernder Echtzeit um den gesamten Erdball zu senden.

Im Bedarfsfall gab es auch hier Verschlüsselungsmöglichkeiten für alle auszutauschenden Daten – durch abgesprochene Programme für den Kreis der miteinander kommunizierenden Teilnehmer, die sich so gegen unbefugtes Abhören schützten.

Die nächsten Schritte waren die Erfindungen der analogen und weniger störanfälligen, drahtgebundenen Telefonie. Diese Technik wurde später, in den Jahren um 1970, durch das »Fax« gekrönt, das, damals fast revolutionär, auch visuelle Nachrichten übertragen konnte.

Bei der im Folgenden immer schnelleren Weiterentwicklung der Datenübermittlung ist bis heute kein Ende in Sicht. Sie wird über unseren heutigen Wissensstand weit hinausgehen, vor allem durch die Möglichkeiten, die durch die Erfindung und Nutzung der Digitalisierung gegeben sind.

Diese ist geeignet für die Steuerung von Maschinen und Robotern sowie deren eigenen kommunizierenden Datenaustausch – und nachfolgend für alle erdenklichen oder noch zu erfindenden technischen Gerätschaften, bis hin zur Entwicklung der schon genannten »künstlichen Intelligenz«.

Die sogenannte vierte industrielle Revolution, vereinfacht auch »Industrie 4.0« genannt, ist nicht weniger als der Beginn einer neuen Zeitrechnung.

Die technischen Möglichkeiten sind hiermit gegeben, unsere persönliche Fortbewegung zu revolutionieren – siehe die beliebig programmierbaren und sich autonom bewegenden Fahrzeuge auf dem Lande, zu Wasser und in der Luft – bis hin zum Weltraum. Bei Bedarf gibt es ein Navigationssystem für jede gewünschte Zieleingabe, und vom Fahrtbeginn bis zum Fahrtende stehen alle nur denkbaren Finessen zur Verfügung, und das ohne die Beteiligung einer mitfahrenden Person: zum Beispiel die Vorgabe einer gewünschten Route zum Zielpunkt, die Geschwindigkeit, Zwischenstopps und vieles mehr.

Die neuen digitalen Anwendungen ermöglichen eine vorausschauende und automatische Unterstützung, mit allen notwendigen Anpassungen an Wetterverhältnisse und Verkehrsdichte; ausreichender Abstand zu anderen Fahrzeugen wird automatisch eingehalten, Geschwindigkeitsbegrenzungen beachtet, und alle denkbaren weiteren Finessen. Auch eine sich selbstständig weiterentwickelnde »künstliche Intelligenz«, die uns in unseren Bedürfnissen unterstützt, erscheint heute nicht mehr utopisch.

Was sich für Boden- und Wasserfahrzeuge schon im fortgeschrittenen Probestadium befindet, wird sich im Anschluss auch bei Luftfahrzeugen perfektionieren, bis hin zu führerlosen fliegenden Abruftaxen, die ähnlich funktionieren werden wie die sich bereits im Einsatz befindenden Drohnen, die auch schon privat genutzt werden.

Hierdurch entstehen Komplikationen, die unsere Rechtsprechung vor völlig neue Aufgaben stellen. Ein konsequent durchdachtes Sicherheitskonzept für das gesamte Verkehrsgeschehen wäre die oberste Prämisse für eine Freigabe von sich autonom bewegenden Transportmitteln. Der derzeit noch unkontrollierte, rechtlich noch ungeregelte – und oftmals tatsächlich illegale – Einsatz von Drohnen birgt ein nicht überschaubares Gefahrenpotenzial.

Nicht übersehen sollte man in dem Kontext auch die höchst gefährliche und zurzeit noch für jeden unbegrenzt mögliche – und oftmals leichtsinnige, ungeschulte und manchmal ebenfalls illegale – Anwendung von Laserpointern.

Ein Waffenschein wäre hier angesichts einiger Anwendungsmöglichkeiten sicher nicht zu abwegig.

Es wird unsere größte Herausforderung, Regeln zu schaffen, die einen Daten- und Anwendungsmissbrauch weitestgehend unterbinden, sowie unsere bestehende Gesetzgebung den neuen Gegebenheiten entsprechend anzupassen. Weit vorne steht hierbei eine intelligente Rechtsfindung für den Fall von Maschinen verursachter Unfälle.

*

Ausspähungen sind in allen Feldern von Politik und Wirtschaft, in öffentlichen wie in privaten Umfeldern eine ständig eingesetzte und kaum abwendbare Möglichkeit, an jede Art von Daten zu gelangen.

Mit Genehmigung oder von Hackern auch illegal durchgeführter Datenklau hat keine besondere Relevanz. Alle Geheimdienste dieser Welt werden das technisch Machbare nutzen, auch ohne anderen Einblick in ihre Vorgehensweisen und Möglichkeiten zu gewähren.

Es ist naiv zu glauben, dass moralische Appelle illegale Datennutzung verhindern könnten.

Vielleicht wäre ein Klagerecht aller ausgespähten Personen sinnvoll, das strafrechtliche Konsequenzen für den Ausspähenden nach sich zöge. Beispielsweise könnte bei einer nicht gerechtfertigten Ausspähung für den Geschädigten ein Schmerzensgeld in angemessener Höhe einklagbar sein.

Aus verschiedenen Gründen ist es aber wohl eine naive Wunschvorstellung, dies in einen gesetzlichen Rahmen fassen und dann auch noch durchsetzen zu können. Vorher müsste erst einmal der Allgemeinheit eine nachweisliche und gerichtsverwertbare Möglichkeit gegeben werden, die eigene Ausspähung überhaupt zu erkennen.

Dagegen steht, dass Geheimdienste, wie ihr Name schon sagt, nun einmal im Verborgenen agieren und ihr Wirken nicht offen für jedermann einsehbar machen werden.

Wir können zurzeit nur mit verbalen – also leider nur mit ziemlich stumpfen – Waffen dagegenhalten.

Hilfe könnte ein für jedermann bezahlbares automatisches Verschlüsselungssystem bringen.

Leider würde auch das nur bedingt helfen, da findige Köpfe, wenn sie es denn wollten, jedes System überlisten könnten.

Ganz praktisch spricht auch dagegen, dass sich ein großer Teil aller Menschen in einer persönlichen Nabelschau, aus Eitelkeit oder auch aus einer Art von Größenwahn, nur allzu bereitwillig selbst inszeniert und Privates preisgibt.

Nennen wir als ein Beispiel das fast wie eine Krankheit um sich greifende Selfie-Syndrom, das bei vielen Menschen wie ein unauslöschlicher Zwang vorhanden ist.

Mit einer gesunden Bescheidenheit der Kommunizierenden wären viele der dadurch entstehenden zwischenmenschlichen Crashsituationen sicherlich vermeidbar.

Ein Vorschlag wäre hier, Kommunikation von Angesicht zu Angesicht, wie in alten Zeiten, wieder neu zu beleben – den Gesprächspartner oder die Gesprächspartnerin visuell und charakterlich wiederzuerkennen, das könnte eine neue Bereicherung für jede Zwischenmenschlichkeit bedeuten.

Die große Aufregung in den Medien und bei den Betroffenen über die Verletzung der persönlichen Freiheitsrechte durch ein millionenfaches unkontrolliertes Datenabfischen, mit dem Bewegungs- und Verhaltensmuster aller im Internet surfenden Personen erstellt werden können, lässt einige Fragen entstehen:

Wer bitte hat ein Interesse daran, wo meine Tante wann und mit wem gewesen ist?

Wer sollte das zu Protokoll bringen, mit welchem Aufwand und wofür?

Anders verhielte es sich, würde sich meine Tante in einem terroristischen oder auch schwerstkriminellen Umfeld befinden, dann wäre dieser Aufwand sicher gerechtfertigt.

Das Netz zum Abfischen sollte hoffentlich so intelligent sein, diese Auffälligkeiten zu erkennen und dann entsprechend zu separieren, denn letztlich müssen Vorgänge, die zur Auswahl kommen, mit sehr großem personellem und damit auch sehr kostenaufwendigem Einsatz bearbeitet werden.

Es dürfte ersichtlich sein, dass mit dem Abfischen der Alltagsbanalitäten von Millionen Durchschnittsbürgern jeder noch so gut ausgestattete Geheimdienst spätestens bei der Auswertung personell und damit auch finanziell sehr schnell an seine Grenzen käme.

Leider werden wir aber, von uns selbst unbemerkt, von vielen Seiten permanent und intensiv ausgespäht und abgefischt, mit nicht zu übersehenden negativen Folgen. Die meisten Menschen nehmen das mit größter Selbstverständlichkeit hin, weil diese Art der Ausspähung fast ständig um uns her aktiv ist. Die Ausspähenden können so nach Belieben ihr Spiel mit uns treiben.

Es sind die im Internet werbenden Firmen, die uns im Griff haben, die uns manipulieren und zu Dingen verführen, die wir oft eigentlich gar nicht wollten.

Die sozialen Netzwerke sind voll von diesen versteckten oder manchmal auch ganz offenen Verführungen.

Sie sind für die meisten praktisch genauso unumgänglich wie Essen und Trinken und besitzen obendrein ein nicht zu unterschätzendes Suchtpotenzial.

Wie bei vielen neuen Errungenschaften gibt es eben auch hier zwei Seiten: Auf der einen Seite stehen der fast unbegrenzte Datenaustausch und die freie Kommunikation sowie die Möglichkeit für jedermann, das Internet als fast unbegrenztes Nachschlagewerk zu nutzen. Zugriff auf jedes nur denkbare Wissensgebiet wird bereitgestellt, aber daneben wird das Netz eben auch mit unzuverlässigen und unbrauchbaren Informationen bis hin zu Lügen oder sogenannten Fake News überflutet, was bei immer mehr Anwendern nur noch absolute Verwirrung erzeugt.

Auf der anderen Seite steht die nicht zu übersehende Veränderung aller zwischenmenschlichen Beziehungen, die mit einer »emotionalen Sklaverei« vergleichbar ist. Sich hiervon zu emanzipieren und sich eine eigene kritische Meinung zu diesen neuen Möglichkeiten zu bilden, das wird wohl eine sehr große Herausforderung für alle heute lebenden und künftige Generationen sein: sich wieder freizumachen von dem Zwang, immer und überall erreichbar sein zu müssen.

Vor ungefähr 50 Jahren hat das Leben der Menschen miteinander und ihre Kommunikation untereinander auch schon recht gut funktioniert, trotz der Telefonie mit einer Wählscheibe am Telefon und, kaum glaubhaft, ohne einen Bildschirm dazu.

Das Telefon hing obendrein noch an einem fest installierten Kabel, sodass die Mobilität in unserer Kommunikationswelt sowieso noch ein Fremdwort war.

Erstaunlich für die heute Kommunizierenden ist zudem auch die Tatsache, dass einst bestenfalls jeder Zehnte solch ein Kommunikationsungetüm sein Eigen nennen konnte und sich in den Büros nicht selten mehrere Teilnehmer eines dieser Dinger teilen mussten.

Kaum zu glauben: Es soll noch Überlebende aus dieser Zeit geben, die sich nun auch bemühen müssen, den Anschluss im Internet nicht zu verpassen, um nicht ganz abgehängt zu werden und auch an dem neuen Lebensgefühl partizipieren zu dürfen.

Für die Älteren wirkt es oft befremdlich, wenn die Jüngeren mit diesen als unentbehrlich angesehenen digitalen Lebensbegleitern in einer Art von Zwangsgemeinschaft leben.

Die Gefahr besteht, dass normales, auf Zwischenmenschlichkeit bezogenes Leben kaum mehr möglich ist und durch eine visuelle Scheinwelt ersetzt wird.

Die Verführung ist ungebrochen in Anbetracht der schon bestehenden Möglichkeiten, in eine fiktive Welt einzutauchen und der realen Welt immer unkritischer zu begegnen.

Die größte heute schon bestehende Gefahr ist, dass zwischen sogenanntem Fake und der tatsächlichen Wahrheit kaum noch zu unterscheiden ist, verlässliche, anerkannte und kontrollierte Nachrichtenquellen immer schwieriger zu identifizieren sind.

Ein Ende dieser Entwicklung ist nicht in Sicht, und der Unterschied zwischen fiktiver und realer Welt sollte dringend in allen Schulen gelehrt werden, um eine Sensibilisierung zur Erkennung und zum Umgang mit falschen Informationen zu erzielen.

Die Politiker stehen auch hier vor einer großen Herausforderung, die in unserem Grundgesetz verankerten Menschenrechte in einer demokratischen Grundordnung zu bewahren und mit intelligenten Maßnahmen und entsprechenden, dann hoffentlich auch durchsetzbaren Gesetzen wirksam zu schützen.

Zurzeit können im Internet präsente Firmen die Daten der Verbraucher unentgeltlich für den eigenen wirtschaftlichen Vorteil nutzen.

Wer mit abgefischten Daten handelt, müsste dafür genauso zur Kasse gebeten werden wie für jedes Produkt in der für uns als »normal« und »real« betrachteten Wirtschaft auch.

Der Begriff »Wirtschaft« wird hier ad absurdum geführt, wie deutlich wird, wenn man zwei im Prinzip gleiche Geschäftsabläufe gegenüberstellt.

Zum Beispiel fehlen einem Hersteller zur Vervollständigung eines Produktes die Schrauben. Er muss sie seinerseits von einem Schraubenhersteller käuflich erwerben.

Anders verläuft es bei einer Internetfirma, die einen aufbereiteten Datensatz an einen den Auftrag gebenden Interessenten veräußern will. Die hierzu fehlenden Informationen werden von ihr aus allen möglichen greifbaren Netzwerken abgefischt, und zwar nach Möglichkeit gratis. Der abgefischte Datenlieferant geht, ohne auch nur etwas von dem Handel bemerken zu können, leer aus.

Die zwei prinzipiell gleichen wirtschaftlichen Abläufe

führen damit doch zu völlig anderen Ergebnissen: Der eine bezahlt bei seinem Lieferanten die fehlenden Schrauben, um sein Produkt vollständig dem Endkunden übergeben zu können, und hält den Vorgang vollständig in seiner Buchführung mit einer Einnahmen- und Ausgabenseite fest, die jedem Finanzkontrolleur oder Steuerprüfer standhielte.

Der andere agiert in einem für die meisten Menschen undurchsichtigen wirtschaftlichen Geschäftsablauf, ohne jede Kontrolle und ohne jeden Werteausgleich für den Datenspender.

Das Aushebeln der Menschenrechte beginnt schon mit der unkontrollierten Ausspähung und dem ungefragten Abfischen unserer persönlichen Daten.

Hinzu kommt die nicht kontrollierte Vermarktung dieser Daten mit einer permanent hinzugesetzten Werbung durch die scheinbar ins Unendliche expandierende, überwiegend durch Werbeeinnahmen finanzierte Internetindustrie.

Initiiert wird dies allerdings durch eine wachsende zahlungskräftige Realwirtschaft, ohne die diese Internetauswüchse nicht möglich wären.

Umgang mit und Nutzung von Daten sind keine Selbstläufer, sie bedingen und ergänzen sich mit einer gesunden Realwirtschaft, die als Basis aller Fortschritte auch auf diesem Terrain nicht wegzudenken ist, weil sie die benötigte finanzielle Ausstattung ermöglicht und bereitstellen muss.

Der allererste Ursprung der industriellen Revolution war die Erfindung des Rades. Es folgte in der Neuzeit die Dampfmaschine, und damit war der automatisierten Fertigung von Produkten der erste Weg bereitet.

Schon bald darauf wurde das Automobil erfunden, Initiator für alle weiteren Entwicklungen.

Wäre die zurzeit noch alles initiierende Autoindustrie nicht vorhanden, sähe unsere Welt vollkommen anders aus, wir müssten heute sehr wahrscheinlich ohne Internet leben und eher auf Basis eines Agrarstaates unseren Handel betreiben.

Im Internet entsteht ein neuer, teilweise auch noch undurchsichtig gebliebener Raubtierkapitalismus, in dem manche Initiatoren schon nach kurzer Zeit zu Multimillionären emporsteigen können.

Man hat eine zündende Geschäftsidee und agiert jenseits aller noch bestehenden Markt- und Arbeitsgesetze, nutzt die klaffenden Lücken der Gesetzgebung – und könnte auf diesem Weg fast unkontrolliert die angestrebte Marktführerschaft bis hin zu einem möglichen Monopol erlangen.

Ein Beispiel hierfür ist der im Internet tätige Versandhändler »Amazon«, der mit einer erschreckenden und fast undurchsichtigen Machtfülle ausgestattet ist, wodurch es zu einer völligen Abhängigkeit vieler Mitanbieter kommt.

Noch bevor eine entsprechende Gesetzgebung diese Lücken schließt, können findige Akteure zu Multimillionären aufsteigen und andere aus diesem opulenten Feld herausdrängen, eben jene, die zu viel Skrupel haben, um solche Gesetzeslücken auszunutzen.

Die digitale Revolution verspricht eine revolutionäre Gesellschaftsänderung mit völlig neuen Möglichkeiten für die Fertigung industrieller Produkte.

Ein frappantes Beispiel ist die Herstellung von Produkten über sogenannte 3D-Drucker, die schon gegenwärtig überzeugende und beeindruckende Ergebnisse erzielt. Zweifellos ein zukunftsweisender Vorgang, der noch lange nicht am Ende der gewünschten Entwicklung ist.

Die heute schon sehr gut funktionierenden 3D-Drucker können dreidimensionale Gegenstände aus einem Plastikwerkstoff Lage für Lage spritzen oder, in einer darüber liegenden Stufe, aus Metall oder anderen Feststoffen, auch in Verbindung mit Lasertechnik, wie in einem Verarbeitungsautomaten kopieren und fertigen.

Der Begriff »Drucken« dürfte angesichts eines sich vom uns bekannten Drucken auf Papier doch stark unterscheidenden Ablauf für viele Menschen noch sehr irreführend sein.

Momentan erscheint es uns noch utopisch, aber mit 3D-Druckern lassen sich möglicherweise bald beliebige Materialien, mit einer Vielzahl von Eigenschaften von hart bis weich, behandelt bis unbehandelt, flüssig bis gasförmig, zu jedem beliebigen komplexen Produkt zusammenstellen.

Um dieses vollständig für den Verbraucher herzurichten, bräuchte es vielleicht hundert oder mehr verschiedene Einzelteile, auch solche mit flüssigen und gasförmigen Stoffen. Ein 3D-Drucker dieser Art würde eine ganze Fertigungshalle in Anspruch nehmen, ähnlich wie es zurzeit für eine komplette Fertigungslinie auf dem herkömmlichen Produktionsweg notwendig ist.

Zurzeit aber ist, wie gesagt, nur das Drucken von sogenannten toten, dreidimensionalen Gegenständen aus einem einzigen Material möglich.

Bislang noch nicht akzeptabel sind die Fertigungskosten dieser Gegenstände und die Kosten des benötigten 3D-Druckers.

Für solche komplexen Produkte, wie sie vom Verbraucher und Kunden benötigt und verlangt werden und wie sie in der Ausführung auch sinnvoll wären, würden sich die Preise zurzeit noch in einem astronomischen Bereich befinden – was sich aber bei der rasch voranschreitenden Entwicklung in naher Zukunft schnell ändern dürfte. Euphorie in Hinsicht auf eine neue Arbeitswelt mit weniger und angenehmerer Arbeit für alle Menschen ist jedoch noch verfrüht.

Eine noch zu entwickelnde neue Arbeitskultur wäre die gesellschaftsverändernde Herausforderung und Grundbedingung für das gewünschte Ziel dieser erhofften neuen digitalen Arbeitswelt.

Hier als Beispiel eine Analyse für die Erstellung eines beliebigen Produktes mit den verschiedensten Einzelteilen in vereinfachter Darstellung:

1. Feststellung eines vorhandenen Bedarfs.
2. Erfindung, Entwicklung, Konstruktion, Detaillierung, Freigabe, Fertigung und Erprobung eines Prototyps.
3. Betriebsmittelkonstruktion, Detaillierung, Ferti-

gung, Erprobung, Programmierung der Arbeitsschritte und Freigabe.
4. Zusammenstellung einer Fertigungslinie in einer Fertigungshalle.
5. Produktfertigung und Produktprüfung.
6. Produktvertrieb.

Diese sechs Schritte sind für die Fertigung eines funktionierenden Produktes für eine Fertigungslinie notwendig.

Die Punkte 3 bis 5 müsste nun auch unser 3D-Drucker erledigen können.

Was wäre der Vorteil gegenüber einer herkömmlichen Fertigungslinie, wo doch das Ergebnis dasselbe sein müsste?

Ersichtlich – und auch schon ausgenutzt – werden die Vorteile für die Sonder- und Einzelteilfertigung sowie bei der Kopie von nicht serienmäßigen oder auch sehr komplizierten Teilen – hier käme für den »3D-Drucker« lediglich Punkt 5 infrage; die benötigte dazugehörige Infrastruktur sollten wir aber auch nicht vergessen.

Flexibilität in Größe und Werkstoffauswahl bei allen zu kopierenden Teilen ist die Hauptanforderung an den künftigen 3D-Drucker, wenn er denn mehr als nur ein Spielzeug sein soll!

Es gibt allerdings für anspruchsvolle Verwendungszwecke wie etwa in der medizinischen Ersatzteilfertigung, etwa für den Ersatz von geschädigten Gliedmaßen, für den Einsatz von 3D-Druckern ein revolutionäres Anwendungspotenzial, das viele Wünsche und

Hoffnungen wird erfüllen können und teilweise sogar jetzt schon kann.

Durch die Digitalisierung wird die Abtastgenauigkeit identisch mit der Genauigkeit der Druckwiedergabe der herzustellenden Produkte, was für die medizinische Ersatzteilfertigung unverzichtbar ist.

Es braucht allerdings schon noch Zeit und Geduld, bis 3D-Drucker die Erwartungen ausreichend erfüllen, um bereit zu sein für den Eintritt in die reguläre Arbeitswelt. Diese wird sich in der Folge komplett neu gestalten und neue Arbeitsfelder hervorbringen, und das wird zwangsläufig gesellschaftliche Veränderungen nach sich ziehen. Die bald alles bestimmende Digitalisierung wird gewohnte Lebensabläufe verändern und neue Prioritäten erforderlich machen.

Die Gesellschaft wird, soll sie weiter lebenswert bleiben, ganz neu erdacht werden müssen.

*

6.

Wachstumskorrektur

Wirtschaft ohne Wachstum ist nach derzeitiger Ansicht vieler Unternehmer und Wirtschaftswissenschaftler dem Untergang geweiht.

Aber muss das zwangsläufig so sein? Brauchen wir wirklich jedes Jahr mehr Zuwachs zum persönlichen Wohlstand, um bestehen zu können, könnten wir nicht etwas bescheidener werden und mit dem Erreichten nicht einfach zufrieden sein?

Ungerecht bleibt, unabhängig von der Größe des Wachstums, für den größten Teil aller Menschen die Verteilung des Ertrags dieser Wirtschaftsleistung.

Wie bei allen Missständen sind hier wirtschaftliche und politische Akteure mit in der Verantwortung oder tragen sogar die Hauptschuld daran.

Die zu große Nähe der Politiker zu Lobbyisten aller Wirtschaftszweige verhindert zurzeit ausgleichende Maßnahmen und eine wegweisende Gestaltung der Gesetzgebung, die das Fortschreiten der Verteilungsungerechtigkeit wenigstens bremsen könnte.

Das Gegenteilige wird fortgesetzt; die Armen werden immer ärmer und die Reichen werden immer reicher – dank der gesetzlich sanktionierten Rahmenbedingungen auch ohne eigene Initiative.

Nur ca. ein Prozent aller Menschen auf unserem Globus besitzt circa die Hälfte des gesamten Weltvermögens – die übrigen 99 Prozent der Menschen teilen sich den Rest.

Das Auseinanderdriften der beiden Seiten scheint selbst im Bereich der Realwirtschaft ins Unendliche zu gehen. Für die Profitvermehrung in großen Bereichen der Finanzwelt aber gibt es noch nicht einmal im Ansatz nachvollziehbare Gründe, außer dass es sich hierbei überwiegend um Spekulationsgewinne handelt, bei denen kein Mehrwert entsteht, reine Luftnummern also und kein Gewinn aus Wirtschaftswachstum.

Die Drohung von Unternehmen an Regierungen, bei nicht genehmer Gesetzgebung das Land mit ihren Produktionsstätten zu verlassen, wird als ständiges erpresserisches Druckmittel eingesetzt, mit dem Verlust von Arbeitsplätzen als Folge.

Wie wäre es mit einer Retourkutsche?

Zum Beispiel bei einer Verlagerung von Produktionsstätten in andere Länder, ohne dass existenzgefährdende Gründe vorhanden sind, den verantwortlichen Inhabern mit der Ausbürgerung zu drohen?

Oder mit der Rückforderung aller bis dahin erfolgten staatlichen Förderungen sowie der Erträge aus den gewährten steuerlichen Vorteilen, einschließlich der freien Nutzung der Infrastruktur ihres Produktionslandes – Vorteile, die die erfolgreiche Expansion dieser Firmen erst möglich machten?

Vielleicht wäre auch eine Art Einfuhrzoll auf die Produkte dieser Firmen denkbar, die nun aus den neuen für sie produzierenden Ländern importiert werden müssten.

Der im Ursprungsland verbleibende Markt würde für diese Firmen schließlich nach wie vor lukrativ bleiben.

Und man würde auf den Profit sicher auch nicht gerne verzichten wollen.

Eine noch erfolgsoffene Entwicklung, wie sie in den USA bereits eingeleitet wurde.

Fantasie bleibt gefragt, um die Schwarz-Weiß-Malerei der Wirtschaftslobbyisten zu widerlegen und ihnen mit einem Umkehrschluss zu begegnen.

Diese Maßnahmen beträfen natürlich vorrangig die international aktiven Firmen. Für diejenigen Firmen, die nur für den heimischen Markt produzieren oder Dienstleistungen erbringen, gelten zwangsläufig andere Gesetze.

Sie haben zum Beispiel keine Abwanderungsmöglichkeiten – auch nicht in das direkt benachbarte Ausland –, mit denen sie drohen könnten.

Vernachlässigbare Ausnahmen gäbe es bestenfalls in unmittelbarer Grenznähe, wie überall im sowieso schon bestehenden sogenannten kleinen Grenzverkehr.

Dennoch argumentieren solche lediglich auf dem heimischen Markt aktive Firmen ganz ähnlich wie ihre international tätigen Kollegen gegen jede Veränderung vorhandener Arbeitsbedingungen und gegen jede Erhöhung der Arbeitseinkommen der für sie tätigen Menschen.

So findet eine stetige Entfernung von der ursprünglichen, auch mit Recht gelobten und geliebten und doch schon fast vergessenen sozialen Marktwirtschaft statt. Gefestigte und auch für die Zukunft planbare Lebensbedingungen mit gesicherten Arbeitsverhältnissen sind für viele Arbeitnehmer schon verloren gegangen.

Die permanent fortschreitenden Änderungen der Arbeitskultur – von Leiharbeit und einem sogenannten Subunternehmertum bis zu den immer häufiger ausgehandelten, begrenzten und auch prekären Arbeitsverträgen – führen für immer mehr Menschen zu einer nicht mehr überschaubaren und kalkulierbaren Zukunft für die eigene Lebensplanung.

Mitverantwortlich hierfür sind die weltweit tätigen Investoren und die vielen Unternehmen, die nur auf Gewinnmaximierung ausgerichtet sind, ohne selbst eine soziale Verantwortung für die für sie arbeitenden Menschen übernehmen zu wollen, und die obendrein Vorschriften für Arbeitssicherheit und Umweltschutz gerne umgehen, insbesondere bei Produktionsstätten in den aufstrebenden »Entwicklungsländern«. Mit dem Resultat einer fortschreitenden Zerstörung vieler Lebensräume.

Auf der anderen Seite steht die weit verbreitete Ansicht, dass »Geiz geil« sei. Diese Haltung ist ein Grund für nicht zu rechtfertigende niedrige Löhne und inhumane Arbeitsbedingungen bis hin zur vielerorts – oftmals heimlich – angewandten Kinderarbeit.

Die Situation wird von uns allen als »Verbraucher« durch unsere schon fast zwanghafte Jagd nach den billigsten Produkten und Dienstleistungen maßgeblich mit verschuldet.

Mit Ehrlichkeit zu uns selbst sollten wir uns die Fakten endlich eingestehen, um diesen Irrweg verlassen zu können. »Leben und leben lassen« sollte die Prämisse sein. Ein Lohn, von dem niemand existieren kann, ist inakzeptabel, das gilt auch für die arbeitende

Bevölkerung in den sogenannten Schwellen- und Entwicklungsländern bis hin zum untersten Ende der Skala, wo die Menschen noch täglich um das nackte Überleben kämpfen müssen.

Weltweit ist die fehlende Balance und Fairness in allen Lebensbereichen der ursächliche Grund für zunehmende Unruhen bis hin zu kriegerischen Auseinandersetzungen und den von ihnen bedingten Fluchtbewegungen. Jeder von uns ist mit in der Verantwortung, diese Zustände zu verändern.

Für uns selbst fordern wir einen überdurchschnittlichen Lebensstandard nach dem Motto »Wir sind es uns wert« – ein Werbeslogan zum Fremdschämen.

Gleichzeitig nehmen wir gerne Dienstleistungen in Anspruch, die für den ausführenden Menschen eine Bezahlung fern von jedem zurzeit auch nur angedachten Mindestlohn erbringen. Noch gravierender sind die Zustände auf dem Arbeitsmarkt, ausgelöst durch die Freizügigkeit in der EU und eingeschränkt auch weltweit; ohne ein klares Regelwerk für die Wanderbewegungen der Arbeitsuchenden sind kriminelle Ausbeuter Nutznießer dieser Situation.

Diese wären zum Beispiel: Schlepper, Zuhälter, Vermieter und all jene, die Menschen ohne jeden Respekt in ihrer prekären Lage schamlos und nur zu ihrem eigenen Vorteil ausnutzen.

Verstöße gegen Gesetze werden aus Personalmangel selten geahndet. Viel zu oft wird diesen Verstößen mit Blindheit begegnet, was von vielen Menschen skrupellos akzeptiert und ausgenutzt wird.

Für ein Zusammenwachsen der Staaten in der EU

wäre eine konsequente Hilfe vor Ort in allen potenziellen Beitrittsländern als erste Option dringend notwendig. Dies nicht zu leisten ist eine sträfliche Unterlassung der Altländer – mit all den negativen Begleiterscheinungen, die zum größten Teil vermeidbar wären, wenn man es denn nur wollte. Welche Erklärung für die Flüchtlingsströme braucht man noch, wenn Löhne, Vergütungen, Gehälter und Renten oder sonstige Einkommensarten bei uns in Mitteleuropa im Verhältnis von tausend zu eins zu den sogenannten Entwicklungsländern stehen, ja sogar über hunderttausend zu eins betragen können?

Machen wir einen Vergleich in Euro:

Person X arbeitet für 0,2 Euro die Stunde, Person Y arbeitet für 5.000 Euro die Stunde.

Man könnte meinen, dieser Vergleich sei übertrieben, aber es könnte sich hier um real lebende Personen handeln, die in einem Angestelltenstatus beschäftigt sind.

Person X näht beispielsweise im asiatischen Raum Jeans, die auf den Märkten der reichen Industriestaaten verkauft werden. An der Person X profitieren die neuen Firmeneigner vor Ort in diesen Entwicklungs- oder Schwellenländern, sogenannte Neureiche und Oligarchen, die in erster Linie skrupellos für ihre persönliche Gewinnmaximierung sorgen.

Die weiteren Profiteure sind die Handeltreibenden auf den Wegen bis zu den Märkten in Europa und sonst wohin. Auch sie handeln aus der gleichen unsozialen Motivation.

Nicht zu vergessen: Ganz vorn stehen die Auftraggeber mit ihrem mehr als unmoralischen Handeln gegenüber diesen für sie produzierenden Menschen, die obendrein alle gravierenden Sicherheitsmängel in den Arbeitsstätten in den betreffenden Ländern ignorieren können.

Dahinter stehen oft Firmenkonstruktionen zum Ziel einer Steuervermeidung, was wiederum erst mit der Hilfe einer wachsenden Beratungsindustrie möglich wird und von der Herstellung der Produkte über die verschiedenen Handelswege bis zum Verkauf der Waren von den tangierten Ländern schamlos ausgenutzt wird.

Person Y ist ein angestellter Topfinanzmanager oder Investmentbanker irgendwo. Diese agieren weltweit und sind verantwortlich für fast alle Wirtschaftskrisen vor und nach 2008. Eine Moralfrage erübrigt sich hier und wird auch nicht gestellt.

Das Szenario wird nur noch dadurch getoppt, dass manche eben auch ganz ohne klassisches Arbeiten solche Erträge erzielen: Man lässt dann nur noch »Geld für sich arbeiten« – was auf dem Sektor der Finanzwirtschaft als Standard anzusehen ist und an sich schon als Witz betrachtet werden müsste.

Somit werden die Unterschiede noch drastischer zwischen den Armen und denen, die auch ohne eigenes Dazutun immer reicher werden: den Privilegierten der sogenannten Oberschicht.

Bei Betrachtung der Finanzjongleure drängt sich das Bild eines weltumspannenden Monopolyspiels auf, bei dem ein paar Hasardeure gegeneinander antreten. Ein Spiel ohne Skrupel und ohne soziale Verantwortung.

Aber es ist eben kein Spiel. Für andere, die letztlich die Zeche zahlen müssen, ist es bitterer Ernst. Ein Spiel ist es nur für eine von der sozialen Marktwirtschaft abgekoppelte Parallelgesellschaft, die ohne jede Bodenhaftung in einer Scheinwirtschaft agiert.

Es wird kein Mehrwert erzeugt, weder am Produkt noch durch irgendeine erfolgte Dienstleistung.

Es ist ein nicht regulierter Handel mit nicht greifbaren und nicht sichtbaren Produkten.

Ankauf und Verkauf dieser Produkte sind gegebenenfalls in einem Börsencomputer in Millisekunden ablaufende, vollautomatisierte und fast unendlich wiederholbare Vorgänge durch die verschiedensten Teilnehmer und ohne real erfassbare Wertänderung irgendeiner Handelsware. Auch dieses Phänomen ist ein Ergebnis der Möglichkeiten unserer hochgelobten Digitalisierung.

Wie bei fast allen Börsenspekulationen entsteht doch immer ein Gewinn für die Macher, ähnlich wie in einem Schneeballsystem: Oben wird gewonnen, und unten wird verloren.

Irgendwo muss das Geld ja herkommen, darum ist es wie bei allen Finanzspielchen auch hier immer das Gleiche: den »Letzten beißen die Hunde«, und der »Gebissene« bezahlt den Machern dieser Systeme und Spielchen oft mit dem Verlust der eigenen Existenz die Zeche.

Eine der perversesten Börsenspekulationen ist der fiktive Handel mit Lebensmitteln. Die dadurch entstehenden unverhältnismäßigen, weltweiten Preissteigerungen für Grundnahrungsmittel machen die Befriedigung der Grundbedürfnisse für viele Menschen unbezahlbar: einer der Hauptgründe für Hungersnöte in großen Teilen unserer Welt, der ohne diese wie ein Sport betriebenen Spekulationsspiele wohl vermeidbar wäre.

Ganz nebenbei werden zum Zwecke der Gewinnmaximierung durch Brandrodungen riesige Waldflächen zerstört, um Ackerflächen zur Erzeugung von Tierfutter für eine fatal wachsende Fleischproduktion zu gewinnen. Leider ist Fleischkonsum in den ärmeren Ländern bei vielen aufstrebenden Menschen ein Synonym für Wohlstand, hat daher eine übergroße Bedeutung und wird darum auch nicht gebremst.

Ebenfalls mit Brandrodungen wird Platz zum Anbau von Ölpflanzen in Monokulturen gewonnen, die oft nur zur Kraftstoffbeimengung vorgesehen sind. Und das wird dann auch noch als umweltschonender Biokraftstoff angeboten, der jedoch mehr Umwelt zerstört, als er der Umwelt nützlich sein könnte – der Begriff »Nachhaltigkeit« wird hier zu einer Farce.

Wer durch solche spekulative Vorgehensweise seinen Reichtum begründet, darf sich nicht wundern, wird er als Wirtschaftsschmarotzer und Umweltsünder bezeichnet und entsprechend verachtet. Was aber leider nur sehr selten geschieht, da das Ansehen einer Person fast immer mit ihrem Reichtum korrespondiert.

Alle Politiker und Lobbyisten, die derartiges fördern und keine begrenzenden Regelungen in Angriff nehmen, befinden sich auf gleicher Stufe.

Wir sollten daran arbeiten, den Benachteiligten und betrogenen Personen Wege in ein menschenwürdigeres Leben zu ermöglichen.

Die auf der Sonnenseite stehenden Menschen wollen blind dafür bleiben, dass ihr eigenes Luxusleben immer auf Kosten anderer Menschen und deren Lebensqualität geht.

Es gibt hier sicher auch viele vorbildliche Personen, die einiges von dem zurückgeben, was die Gesellschaft, in der sie leben, ihnen ermöglicht oder auch durch eine inkonsequente Gesetzgebung sogar geschenkt hat. Ein weites Feld von ehrenamtlichen Tätigkeiten, ohne die das soziale Miteinander in kapitalistisch geprägten Gesellschaften kaum auskommt, steht für die Mitwirkung von uns allen zur Verfügung.

Diese Mitwirkung ist unerlässlich, solange nicht intelligente Lösungen, seitens der Politik, das Armutsgefälle in der Gesellschaft behoben haben.

Es ist allerdings ein unmöglicher Zustand, dass öffentliche Aufgaben oft erst durch ehrenamtliche Tätigkeiten zufriedenstellend erledigt werden können.

Die sozialen Netze sind meistens viel zu weitmaschig, um alle in Not geratenen Menschen vor dem freien Fall bewahren zu können. In einigen Ländern kann es auch tödlich enden, wenn keine ehrenamtlich helfende Instanz zur Verfügung steht.

In den Entwicklungsländern stehen leider oft nur ehrenamtlich arbeitende Hilfsorganisationen, die über Spenden finanziert werden, als Anlaufstelle für die Ärmsten der Armen zur Verfügung. Diese Helfer sind nur in wenigen Fällen in ausreichender Zahl vorhanden und sollten die Anerkennung von uns allen finden.

Wie schon beschrieben, gibt es leider auch unverzeihliche und erschreckende Vorkommnisse in den Einsatzgebieten von fast allen namhaften Hilfsorganisationen.

Die Hoffnung sollte bleiben, dass es sich nur um das verwerfliche Handeln einiger weniger Personen gegenüber schutzsuchenden Menschen handelt, dem sich ein Ende setzen lässt.

Weit bedenklicher ist die Ignoranz – oder oft auch nur Dummheit –, mit der die oftmals korrupten Regierenden in einigen der betreffenden Staaten die Bemühungen der Hilfsorganisationen behindern oder oft sogar direkt torpedieren.

In Ländern, in denen der Bürgerkrieg das tägliche Leben bestimmt, profitieren bestenfalls eine kleine Führungsschicht und die sogenannten Warlords von einem absurden Wachstum, das durch kriegerische Besitznahme und nicht durch Arbeitsleistung oder Fortschritt entsteht.

Außerhalb der Krisenherde wird in den wohlhabenden Industriestaaten natürlich lukrativ damit verdient, indem man die gegnerischen Parteien skrupellos mit Waffen aller Art versorgt und dadurch viele kriegerische Auseinandersetzungen erst möglich macht. Für den größten Teil der normalen Bevölkerung, der schlicht ein menschenwürdiges und sicheres Leben führen möchte, ist demgegenüber eine Abwärtsbewegung der Lebensqualität zu beobachten, bei der als einziger Ausweg nur die Flucht in die wohlhabenden Staaten bleibt.

Fazit: Nur mit humaner Unterstützung und grenzenloser Diplomatie sind blutige Auseinandersetzungen zu vermeiden. Die einzige vertretbare Legitimation für einen militärischen Einsatz wäre die Verhinderung oder Beendigung eines Völkermordes durch eine Allianz der Weltmächte.

Undenkbar erscheinen uns heute blutige Auseinandersetzungen zwischen den wohlhabenden Industriestaaten, zu denen neben den USA und Westeuropa inzwischen auch der ehemalige Ostblock mit großen Ländern wie Russland und China gehören.

Es sind kultivierte und zivilisierte Gesellschaftsformen mit einer mehr oder weniger aufgeklärten und humanen Grundhaltung, die alle Konflikte mit konsequent angewandter Diplomatie gewaltlos lösen könnten.

Wenn sie nur wollten, könnten sie auch jeden Fanatismus gemeinsam überwinden oder wenigstens auf ein verträgliches Maß beschränken.

Die Regierenden sind letztlich für alles Negative mit verantwortlich, das durch egoistisches und von Gier getriebenes, oftmals verbrecherisches Handeln und unsensible Machtbesessenheit verursacht wird.

Investmentbanking bestimmt unser gesamtes Wirtschaftsleben maßgeblich mit.

Einige wenige Akteure sind hier mit viel zu großer Machtfülle ausgestattet und nehmen auf das gesamte Finanzgeschehen und darüber dann auch auf viele politische Ereignisse einen großen Einfluss.

Es existiert eine weltumspannende, kompromisslose »Jagdgesellschaft«, die nur nach der profitabelsten Möglichkeit der Gewinnmaximierung sucht.

Es wird auch an kriegerischen Auseinandersetzungen verdient, oft unterstützt durch korrupte Politiker und Lobbyisten, die sich im gewünschten lukrativen Sinne für die Waffenindustrie einsetzen.

Das weltumspannende Verteilungssystem, in der zurzeit bestehenden entfesselten Form in einem halben Jahrhundert gewachsen, gilt es grundlegend zu verändern. Die heute gültige Wachstumsphilosophie bedarf dringend einer Korrektur.

Es ist fünf vor zwölf oder vielleicht auch schon zu spät für Maßnahmen, unsere geschundene Umwelt zu entlasten oder mindestens auf dem derzeitigen Stand zu erhalten.

Das größte Hindernis ist die Uneinigkeit der Mächtigen dieser Welt, die wissentlich und sehenden Auges immer weiter in Richtung Abgrund steuern.

Hauptgrund ist der Egoismus aller Beteiligten, die nur die augenblicklichen Vorteile für sich und die von ihnen vertretenden Staaten sehen wollen, denen oberflächliches Machtgehabe wichtiger ist, als mit der dafür notwendigen Bescheidenheit gemeinsam die negativen Gegebenheiten in neue verträgliche Bahnen zu lenken.

Es ist die Macht der Lobbyisten, die mit allen Mitteln die Wirtschaftsinteressen ihrer gierigen Auftraggeber erfolgreich umsetzen wollen.

Ein frappierendes Beispiel ist die Pharmaindustrie, die Preise für neu auf den Markt kommende Medikamente selbstherrlich bestimmen kann. Ein absoluter Schutz für diese meistens deutlich überzogenen

Preise ist der Pharmaindustrie bis zum Ende einer Patentlaufzeit garantiert.

Das ist von einer Schutzgelderpressung nicht weit entfernt – die Prämisse, nur der Gesundheit aller Menschen zu dienen, spielt keine Rolle.

Wie soll dem begegnet werden?

Es gibt viele gut meinende Ansätze, aber leider keine Lösungen.

Es fehlt das notwendige Durchsetzungsvermögen aller es gut meinenden Politiker.

Lösungsansätze finden sich durchaus schon in den Grundsatzprogrammen ihrer Parteien.

Nur an der Ausführung mangelt es.

Die Wirtschaft bleibt ein weites Feld für Glücksritter und Hasardeure, die jenseits aller Regulierung und Kontrolle ihr Unwesen treiben können.

Die Folgen der Vorgehensweise der benannten Täter sind für einzelne Opfer nicht selten existenzvernichtend.

Steuer- und Bankgeheimnis werden von benannten Tätern rücksichtslos zu ihrem Vorteil genutzt.

In diesen in der ganzen Welt verstreuten Steueroasen lassen sich auch illegal und kriminell erworbene Vermögen bunkern, ohne dass ernsthafte Konsequenzen zu befürchten wären.

Den vielen Steuerflüchtlingen aus den reichen Industriestaaten ebenso wie der korrupten Oberschicht der Entwicklungsländer ermöglichen diese Oasenländern ein zurzeit noch dauerhaft wohlhabendes Leben.

Was hierdurch in den Ursprungsländern an Mitteln

fehlt, beeinträchtigt deutlich sichtbar deren eigene Entwicklungsmöglichkeiten.

Steuerhinterziehung und Steuervermeidung sowie jede Art der Schwarzarbeit, die oft bis zu einer Form der Sklaverei ausgeartet ist und von der in erster Linie die sogenannten Eliten profitieren, sollten dringend als Verbrechen angesehen und entsprechend geahndet werden.

Die Abschaffung von Steuer- und Bankgeheimnis erscheint zurzeit vielleicht noch als utopisch, wie auch das Austrocknen der Steueroasen: Doch beides könnte Möglichkeiten für ein deutlich gerechteres Wirtschaftsleben eröffnen und sollte daher Zielvorstellung für das Handeln von Politikern sein.

Hilfreich und wünschenswert wäre eine Richtungsänderung der übermächtigen Hochfinanz, die doch den Schlüssel für eine Besserung hätte.

Zum Abschluss dieser Betrachtungen können wir feststellen, dass sich die Weltwirtschaft in einer extremen Schieflage befindet und eher einer Weltunordnung gleichkommt.

Wo ist unsere Scham geblieben, wenn wir beispielsweise ohne Scheu eine Hose, eine Jacke oder ein sonstiges Kleidungsstück für einen Spottpreis von 10 Euro kaufen?

Bedenken wir, dass ein durchschnittliches Nettoeinkommen pro Stunde bei uns zurzeit ungefähr 20 Euro betragen kann. Der Verkaufspreis von circa 10 Euro beinhaltet die Kosten für Organisation, Fertigung,

Bereitstellung, Vertrieb, Handel und einen Gewinn, um ein Firmenkonsortium lebensfähig zu erhalten, weil wir morgen einen neuen Einkauf machen möchten und es hoffentlich dann auch können.

Wie viel würde wohl für die Fertigung übrig bleiben, wenn Organisation, Bereitstellung, Vertrieb und Handel bei uns zu Buche schlügen? Es wäre höchstens ca. 10 Prozent, also ca. 1 Euro.

Es wird nun deutlich, bei uns wäre eine Fertigung bei den genannten Verkaufspreisen gar nicht möglich! Es bleiben nur Entwicklungs- oder Schwellenländer übrig, mit den Folgen, die wir alle kennen und vor denen wir ohne Scham die Augen schließen.

Arbeitende Menschen werden wie Sklaven behandelt, vielleicht mit Wochenarbeitszeiten von 60 Stunden und mehr und ohne entsprechende Arbeitssicherheit, ohne Kranken- und ohne Rentenversicherung. Sie haben oft zum Leben zu wenig und zum Sterben zu viel. Und oftmals gibt es hier versteckte oder sogar offene Kinderarbeit.

Was schon lange für die Textilindustrie zutrifft, gilt heute gleichermaßen auch für die Herstellung vieler technischer Geräte.

Seit längerer Zeit gibt es in den westlichen Industriestaaten die dazu passende schamlose Sportart, die eigentlich für keinen Menschen würdig sein dürfte: »Geiz ist geil«. Ein verwerfliches Motto angesichts der oben genannten Folgen, es sollte besser heißen: »Leben und leben lassen«. Das wäre in allen erdenklichen Lebenssituationen wohl der einzige Weg in eine menschenfreundlichere, neue und gerechtere Weltordnung.

Ein überlebenswichtiger Schritt, nach dem es niemanden mehr geben dürfte, der sich abgehängt fühlte, womit jedem Radikalismus der Boden entzogen wäre.

Aber auch mit dieser Betrachtung dieser deutlichen Weltunordnung sind wir noch nicht am Ende aller »Unmöglichkeiten« angekommen.

Schauen wir nun auch auf die Wachstumszahlen unserer Weltbevölkerung. Zurzeit leben ca. 7,5 Milliarden Menschen auf unserem Planeten, am Ende unseres Jahrhunderts könnten es über 10 Milliarden Menschen sein.

Alle benötigen sie zur Grundversorgung trinkbares Wasser, Nahrungsmittel, Bekleidung und Wohnraum. Alle Menschen sollten versorgt sein, mit Gesundheitspflege bis zur Altersversorgung, davor mit einer entsprechenden Schulbildung und Berufsausbildung, um für sich und eine Familie in Eigeninitiative das Leben selbst gestalten und meistern zu können.

Herausforderungen, die durch eine intelligente politische Ordnung mit Toleranz, Diplomatie und Balance in den jeweils bestehenden Staaten geregelt werden müssen.

Dem voran geht eine von allen Staaten anerkannte und gesicherte Koexistenz mit einer gemeinsamen Friedenssicherung, ähnlich wie zurzeit innerhalb der EU und mit den USA, die die Menschenrechte und eine freie Religionsausübung in einer demokratischen, säkularen Staatsform garantiert.

Wichtig für eine Wachstumskorrektur ist die Eindämmung der zurzeit ins Uferlose wachsenden Müllmenge in den wirtschaftlich starken Staaten.

Ein Beispiel: In der für jede Art des globalisierten Handels benötigten Seeschifffahrt sollen zu kleine und daher nicht mehr rentable Schiffe entsorgt werden. Diese werden aus Kostengründen in Entwicklungsländer gebracht, um sie unter Umgehung aller in der EU vorhandenen arbeitsrechtlichen Vorschriften und auf Kosten der Umwelt dort zu entsorgen.

Es handelt sich um komplette Seeschiffe mit allem Zubehör und umweltschädlichen Stoffen an Bord. Sie werden im Freien an offenen Meeresstränden zerlegt, Teile werden zur Wiederverwendung aufbereitet, der Rest wird irgendwie und irgendwo entsorgt, durch Menschen, die keine alternativen Einkommensquellen haben, und ohne Rücksicht auf ihre Gesundheit und Unversehrtheit. Eine umweltfeindliche und illegale Müllentsorgung auf Kosten der ärmsten Menschen unserer Welt.

Viele Reedereien lassen Seeschiffe unter fremder Flagge die Weltmeere befahren, mit Mannschaften, die aus Kostengründen aus Entwicklungsländern angeheuert werden, beinah rechtlos und mit unwürdiger Bezahlung.

Mit der ungezügelten Zunahme der Weltbevölkerung und mit Bestrebung aller sogenannten Entwicklungsländer, den Industriestaaten im Wachstum zu folgen, könnte die Müllmenge bald fast ins Unendliche wachsen.

Schon eine Verdopplung der Mengen wäre eine absolute Katastrophe. Hier muss konsequent gegengesteuert werden, die oft kriminellen Entsorgungspraktiken müssen radikal geändert werden.

Ein schon etwas älteres Beispiel ist die sogenannte Verklappung unliebsamer flüssiger Schadstoffe in allen Gewässern auf unserem Globus. Sie wurde als die kostengünstigste und einfachste Möglichkeit zur Beseitigung dieser Stoffe angesehen, mit absehbaren negativen Folgen in den betroffenen nutzbaren Gebieten für die Freizeitgestaltung und den gewerblichen Fischfang.

Die Schäden waren so offensichtlich, dass mit Verboten und Strafandrohungen eine weitgehende Unterlassung eingeleitet wurde.

In unserer Gegenwart der explodierenden Müllmengen wurde durch eine entsprechende Gesetzgebung die nun besonders kostenträchtige Müllentsorgung ein für Entsorger und Recyclingfirmen sehr lukratives Geschäft.

Entwicklungsländer in Afrika und selbst Länder wie China waren an der bezahlten Müllabnahme wegen des Entstehens neuer Arbeitsplätze interessiert, was sich im Falle Chinas allerdings bereits wieder geändert hat. Wie lukrativ so ein bereits bezahltes Anliefern der Müllmengen erst wird, wenn es auf den Wegen zu den Abnehmern »irgendwo« verschwindet, bleibe hier der Fantasie überlassen.

Wo sollen die Unmengen von auf allen Meeren treibenden Inseln aus Kunststoffabfällen entstanden sein?

Durch den sich nur sehr langsam zersetzenden Kunststoffmüll vollzieht sich, inzwischen sichtbar in allen Meeren unserer gemeinsamen Welt, ein Artensterben. Fische, Vögel und andere Tiere, die Kunststoffpartikel fälschlich als Nahrung aufnehmen, verenden auf grausamste Art. Die Folge ist ein allmähliches Versiegen unserer zurzeit genutzten Nahrungsquellen aus den Meeren und durch die Meere.

Nur eine konsequente Wachstumskorrektur könnte das endgültige Müllchaos noch vermeiden – eine Alternative zum Chaos.

7.

Umwelt

Die immer häufiger auftretenden chaotischen Wetterverhältnisse müssten jeden Menschen zu der Erkenntnis bringen, dass diese Ereignisse dem leichtsinnigen und rücksichtslosen Umgang mit unserem aus der Balance geratenen Lebensraum geschuldet sind.

Die Erderwärmung von Mitte des 19. Jahrhunderts bis heute beträgt etwas mehr als ein Grad Celsius, Tendenz steigend. Das mag vielen Menschen geringfügig erscheinen, ist aber die Ursache für verheerende Unwetter mit Orkanstürmen und zunehmend großen Niederschlagsmengen.

Prognosen deuten auf eine weitere Temperaturerhöhung hin, mit den vorhersehbaren Folgen eines weitersteigenden Meeresspiegels. Seit dem Jahr 1850 beträgt die Erhöhung heute ca. 25 Zentimeter, zum Ende dieses Jahrhunderts könnten es bereits 80 Zentimeter sein.

Von kompetenten Klimaforschern kommt die eindringliche Warnung, diese Entwicklung zu stoppen.

Andernfalls wären die Konsequenzen ein erheblicher Rückgang der von Menschen bewohnbaren Landfläche, mit der wiederum unvermeidbaren Folge weiterer Flucht- und Wanderbewegungen. Die Lebensqualität eines immer größer werdenden Teiles der Menschheit würde spürbar eingeschränkt.

Sichtbar und messbar sind heute schon das Abschmelzen der Polkappen und der Rückzug von

Gletschereis in allen Gebirgsregionen. Das so entstehende Schmelzwasser füllt die Meere weiterhin, und durch die Erwärmung des Wassers wird sein Volumen noch vergrößert, was den Meeresspiegel zusätzlich erhöhen wird.

Alle knapp werdenden Rohstoffe und Energieträger sollten sparsam gebraucht werden, und schnellstens sollten zukunftsfähige Alternativen zum Einsatz kommen.

Dagegen steht, wie immer, der Umstand, dass sich hier, wie in allen Bereichen unserer Weltwirtschaft, alles dem Diktat des permanenten Wachstums und der günstigsten Kosten unterzuordnen hat. So werden neue Wege zur Einsparung und Schonung aller zur Neige gehenden Ressourcen viel zu selten systematisch gesucht.

Dieser unheilvollen Entwicklung Einhalt zu gebieten muss gemeinsames Ziel aller Staaten auf unserem Planeten sein, zwingend ist hier eine zeitnahe einheitliche und durchsetzbare Gesetzgebung.

Beispiele für Alternativen sind der Einsatz von Sonnenenergie, Windkraft und Wasser.

In der Folge von Letzterem entsteht allerdings ein Bedarf an Stauseen als dringend benötigte Energiespeicher für den nicht genutzten Stromüberschuss, der hier zwangsweise durch die schwankende Energieabnahme der Verbraucher entsteht.

Zurzeit werden die meisten der von der Natur bereitgestellten Ressourcen rücksichtslos ausgebeutet, zum kurzfristigen Nutzen der Gewinnmaximierung für eine Minderheit von Menschen. Das Morgen wird ohne jeden Skrupel völlig ausgeblendet.

Wie viele der gegenwärtig lebenden Menschen bezahlen schon heute mit einer eingeschränkten Lebensqualität, mit ihrer Gesundheit und schlimmstenfalls auch schon mit ihrem Leben dafür?

Bei der Rohstoffgewinnung wie bei der Energieerzeugung und dem dadurch entstehenden Verbrauch von fossilen Brennstoffen wie Holz, Kohle und Öl entstehen immense und oft nicht mehr reparable Schäden.

Hinzu gesellt sich die industrielle Massentierhaltung in einer nur als pervers zu nennenden Ausartung, ein unwürdiger Umgang mit allen sogenannten Nutztieren, die nur noch als gewinnbringender Rohstoff gesehen werden und oft mit den prekären und verrohten Arbeitsbedingungen der versorgenden und betreuenden Personen in Verbindung stehen.

Es wird leichtfertig vergessen, dass auch Tiere sensible Lebewesen sind, die aus diesem Grund wenigstens Ansprüche auf einen artgerechten und schonenden Umgang mit ihrer Lebenssituation haben sollten.

Die bei viel zu vielen Menschen vorhandene Geizmentalität ist der Hauptgrund, diese Missverhältnisse in der Fleischproduktion zu ignorieren, und das alles nur, um ein paar Cents sparen zu können, worauf viele dann auch noch stolz sind.

Der Kostenanteil für Lebensmittel beträgt zurzeit unter 14 Prozent des Einkommens der in Mitteleuropa lebenden Menschen.

Zum Vergleich: Um 1950 lag der Kostenanteil für Lebensmittel bei über 50 Prozent vom damaligen Einkommen, und man darf die Frage stellen: Mensch, was ist aus dir geworden?

Darüber sollte man nachdenken, um endlich zur Einsicht für eine notwendige Änderung zu kommen.

In vielen Bereichen der Industrieproduktion – bei technischen Vorgängen und auch in der Argrarwirtschaft – werden Veredelungsprozesse angewendet. Alleine zur Ertragserhöhung finden viele umweltzerstörende Anwendungsarten ihren Einsatz, mit zum Teil verheerenden Ergebnissen. Ursachen, die sich zum Schutz gegen den fortschreitenden Klimawandel vermeiden ließen.

Ein immer größer werdender Teil der in der Agrarwirtschaft erzeugten Lebensmittel, die ursprünglich als Nahrungsmittel gedacht waren, wird zur Kraftstofferzeugung und Energiegewinnung missbraucht, am Ende also banal für einen Wärmegewinn verheizt – trotz der vielen immer noch hungernden Menschen auf unserem Planeten, und das einzig und allein aufgrund eines von Menschen gemachten korrupten Verteilungsprinzips.

Die Ausmaße der Nebenwirkungen von Biogasanlagen, etwa die Entstehung riesiger Monokulturen und die immer häufiger gesehenen »Maiswüsten«, bedürfen noch einer genaueren Betrachtung; die Sinnhaftigkeit solcher Anlagen darf infrage gestellt werden, wenn unter ihrem Einfluss das gesamte Ökosystem nach und nach verschwindet.

Die oft überdosierte Ausbringung von Gülle, Kunstdünger und Schädlingsbekämpfungsmitteln und der unbegrenzte Einsatz von radikal wirkenden unkrautvernichtenden Substanzen verseuchen unsere Anbauflächen für Nahrungsmittel und vor allem auch das darunter befindliche Grundwasser, dessen Aufbereitung zu Trinkwasser dadurch immer aufwendiger und kostspieliger wird.

Die zerstörende Wirkung trifft alle Arten von Kleinstlebewesen, angefangen mit den Insekten, die in der Nahrungskette für eine Vielzahl von Vogelarten überlebenswichtig sind und ebenso zur Bestäubung aller blühenden Pflanzenarten benötigt werden, deren Fortbestand mit tragenden Früchten wiederum für unsere eigene Ernährung wichtig ist.

Ein für uns alle sichtbares Zeichen einer aus der Balance geratenen Umwelt – und doch von vielen nicht als Auffälligkeit betrachtet – sind die selbst nach längeren Autofahrten fast sauber bleibenden Windschutzscheiben. Wo früher schon nach kurzer Fahrt anhaftende Insekten der verschiedensten Arten unsere Sicht behindert haben, da gibt es diese heute nur noch in immer geringer werdender Zahl. Für ein intakt bleibendes Ökosystem würden sie dringend benötigt. Wo sind sie geblieben?

Es ist ein für niemand zu übersehendes Faktum: Diese Insekten sind zum Aussterben verurteilt, weil man ihnen ihre Lebensgrundlage vernichtet.

Man sollte die hausgemachten Gründe dafür nicht länger ignorieren, sondern schnellstens beseitigen.

Die maßlose und zum Teil illegale Abholzung von Wäldern in den sensibelsten Regionen unserer Erde ist eine weitere Ursache für die Klimaveränderung und den fortschreitenden Verlust angestammter

Lebensräume für Naturvölker ebenso wie für viele Arten der Fauna und Flora. Beim Erhalt dieser Regionen geht es letztlich um die zukünftige Überlebenschance aller Menschen.

Noch schlimmer als die Abholzung sind die zahllosen Brandrodungen mit den von ihnen erzeugten Treibhausgasen, die nachgewiesen Klimakiller ersten Grades sind.

Nach Abholzungen und Brandrodungen entstehen Monokulturen von Ölpalmen und anderen ölhaltigen Pflanzen, die dann hauptsächlich wieder dem Kreislauf der Energiegewinnung zugeführt werden und mitverantwortlich sind für den wachsenden Energieverbrauch. Beispielsweise werden sie Benzin- und Dieselkraftstoff beigemengt, die dann als sogenannter Biokraftstoff für den Kraftfahrzeugantrieb und für die Wärmegewinnung eingesetzt werden.

Dass hierfür die Bezeichnung »Bio« verwendet wird, ist an Absurdität kaum zu übertreffen. Dieser Irrsinn sollte schnellstens gestoppt werden und als eine Verhöhnung jedes auf Nachhaltigkeit setzenden Umweltgedankens bestraft werden.

Wie oben schon beschrieben, würde durch das teilweise Abschmelzen der Polkappen als eine wesentliche Folge der fossilen Energieerzeugung und durch einen zunehmend wachsenden Energieverbrauch der Anstieg des Meeresspiegels kaum noch abwendbar sein, wodurch die Gefahr besteht, dass viele Lebensräume für Mensch und Tier unbewohnbar werden.

Es würde weitere Fluchtbewegungen in die noch verbleibenden Regionen auslösen, sodass infolgedessen unser aller Lebensraum immer enger würde und das Zusammenleben zu immer größeren Spannungen führte, die zu bürgerkriegsähnlichen Zuständen führen könnten.

Jeder Mensch benötigt einen gewissen Platz zur persönlichen Entfaltung, um einen entspannten Umgang mit seinen Mitmenschen pflegen zu können.

Ende 2015 fand wieder ein obligatorischer Klimagipfel, nämlich die 21. UN-Klimakonferenz, in Paris statt. Teilnehmer waren regierende Spitzenvertreter aus fast allen Staaten unserer Erde, die sich das Ziel setzten, bis zum Jahr 2020 alles besser zu machen, um die drohende Klimakatastrophe doch noch abwenden zu können. Die Erwärmung soll hierzu in einem noch erträglichen Rahmen gehalten werden.

Bei einem Nichtgelingen wäre unsere zukünftige Lebensqualität massiv gefährdet.

Auf dem Klimagipfel etwas positiv für die Zukunft zu beschließen ist die eine Seite, ob es die verantwortlichen Regierenden danach auch rechtsverbindlich durchführen, steht auf einem ganz anderen Blatt.

Nach dem Ausstieg der neuen US-Regierung ist eine Nachhaltigkeit kaum noch zu erwarten, und der schon bestehende Chaos-Faktor wird weltweit weiter erhöht.

Zurzeit gibt es auch noch viele weitere Umweltsünden. Als ein Beispiel von vielen sei die gnadenlose und zum Teil illegale industrielle Überfischung der Meere und anderer Gewässer genannt. Das nicht übersehbare Artensterben wird von den meisten Staaten ignoriert.

Durch weiteren Raubbau an allen von der Natur bereitgestellten und endlichen Ressourcen werden immer mehr Arten aus der Tier- und Pflanzenwelt vernichtet. Wir sollten uns endlich auf eine gesunde und maßvolle Nutzung der Natur einigen, um sie für eine von allen gewünschte lebenswerte Zukunft zu erhalten!

Zurzeit wird kaum separiert, sondern unterschiedslos alles getötet, was sich in den riesigen Schleppnetzen der Fischfangflotten verfängt, und obendrein wird dabei die Unterwasserflora bei jeder Fangfahrt in Mitleidenschaft gezogen oder leider zu oft auch ganz zerstört.

Der sogenannte Beifang ist in sträflicher Weise oft größer als der tatsächliche Zielfang, der letztlich für den Endverbraucher bestimmt ist.

Für manche unsinnige Formen der Naturvernichtung zeichnen auch unaufgeklärte, von Aberglauben beherrschte Gruppen von Menschen verantwortlich, die sich einen oftmals skurrilen Nutzen von Tierprodukten erhoffen.

Es werden hier bestimmte Teile und Säfte in abscheulichster Prozedur auch von noch lebenden und dabei rücksichtslos gequälten Tieren hergestellt. Ein Beispiel ist der unsinnige Aberglaube, die Einnahme des pulverisierten Hornes eines Nashorns habe besonders gesundheitsfördernde und potenzsteigernde Wirkung.

Bei gleichem Glauben würde Fingernägelkauen wahrscheinlich die gleiche Wirkung erzeugen.

Die Folge ist die illegale und rücksichtslose Jagd auf diese vom Aussterben bedrohten eindrucksvollen und stattlichen Tiere.

Es lassen sich unzählige solcher Beispiele finden.

Die Frage sei erlaubt, ob es eines Menschen würdig ist, so einem naiven Glauben anzuhängen und mit einer solchen Unvernunft zu handeln.

Eine weltumspannende Aufklärung wäre dringend geboten. Solche Phänomene praktizierten Aberglaubens sind wie ein Blick in längst vergangen geglaubte unaufgeklärte Zeitalter, ins Mittelalter oder noch weiter zurück.

Leider stehen aber hinter der Umweltzerstörung auch sehr lukrative Märkte, die bedient werden wollen und wegen der zu erwartenden überdurchschnittlichen Rendite auch bedient werden.

Relativ leicht wäre es, die auf allen Gewässern sichtbare Verschmutzung durch die am Anfang aller Entsorgungsmöglichkeiten stehende sogenannte Verklappung durch See- und Flussschiffe zu verhindern:

Die Besatzung wirft hier ihren selbst erzeugten Unrat sowie alles, was irgendwie zu entbehren ist, als unnötigen Ballast schlicht und einfach über Bord.

Solange ein gewisses Maß an Verschmutzung nicht überschritten wurde, blieb dies meistens unbemerkt, an einer Strafverfolgung bestand kein Interesse.

Irgendwann wurde dies als lukratives Feld für die Entsorgung aller unliebsamen Gegenstände entdeckt, von giftigen und verschmutzten Flüssigkeiten bis hin zu allen möglichen Problemabfällen, die sonst nur mit kostspieligstem Aufwand vorschriftsmäßig zu entsorgen wären.

Entstanden sind inzwischen riesige schwimmende Inseln, die überwiegend aus schwer zersetzbaren

Kunststoffteilen bestehen und die nach ihrer Zersetzung über die Nahrungsaufnahme durch viele Meerestiere schließlich in unserer eigenen Nahrungskette landen.

Die schwimmenden Inseln könnten noch relativ leicht durch internationale Schiffsverbände mit entsprechendem Auftrag entsorgt werden.

Die Finanzierung sollte dann gerechterweise international durch einen Umweltfonds aller Staaten geschehen, wobei sich jeder Staat entsprechend seiner jeweiligen Wirtschaftskraft beteiligt. Denn im Nachhinein lässt sich nur sehr schwer feststellen, wer welchen Dreck wo hinterlassen hat.

Wäre es anders, so könnte man diese Verschmutzer direkt zur Kasse bitten.

Die Entsorgung ohne irgendeine legitime Autorität durchzusetzen ist zurzeit natürlich eine utopische Vorstellung.

Der eigene wirtschaftliche Vorteil steht immer an erster Stelle, ob bei einzelnen Menschen oder bei Staaten. Der Einsicht, dass letztlich alle in einem Boot mit Namen »Erde« sitzen, wird sich weiterhin strikt verweigert, mit den für alle sicht- und spürbaren negativen Folgen.

Eine vielversprechende Entsorgungsmöglichkeit für die Unmengen von Kunststoffabfällen auf allen vorhandenen Meeren ist zur Zeit in der Entwicklung.

Hierzu zählt die Erkenntnis, dass sich in allen Weltmeeren riesige Strudel befinden, die eine lokale Verdichtung dieser Kunststoffabfälle schon vorab erzeugen, und findige Köpfe haben eine vielversprechende Idee zur Entsorgung entwickelt, die sich zurzeit bereits in einer vielversprechenden Erprobungsphase befindet.

In Verbindung mit den oben schon genannten Schiffsverbänden könnte sich in Zukunft daraus eine international gesteuerte und effektive Entsorgung ergeben.

Was aber könnte man mit den gefährlichen Substanzen machen, die tief unter der Erde wie Zeitbomben vor sich hin ticken, zum Beispiel radioaktive Abfälle oder von irgendjemandem versenkte explosive oder giftige Kriegsmaterialien. Diese zu entdecken dürfte ein reiner Zufall sein und würde gegebenenfalls die Schaffung von Sperrgebieten und eine aufwendige, risikoreiche und kostenintensive Entsorgung zur Folge haben.

Die meisten unserer täglichen Gebrauchsgegenstände sind so programmiert, dass sie ein nicht sichtbares Verfallsdatum besitzen, womit die weltweit ständig wachsende Müllmenge in sträflichster Weise gefördert wird.

Ein für jeden nachvollziehbares Beispiel sind unsere im täglichen Gebrauch befindlichen Glühbirnen. Bei allen anderen elektrischen und mechanischen Gegenständen des täglichen Gebrauchs verhält es sich ähnlich: Wo das Verfallsdatum bei einer Glühbirne nach vielleicht einem Jahr erreicht ist, da dauert es bei einer Waschmaschine je nach Gebrauch vielleicht 15 Jahre.

Beim Auto sind es dann die verschiedenen Teile

oder Baugruppen, die ihren Geist vorprogrammiert aufgeben.

So ist es gewollt – eine Art der Förderung eines garantierten Wirtschaftswachstums, aber eben auch für die übermäßigen Müllmengen.

Ein weiteres aktuelles Beispiel ist das Bersten der Einhausung eines riesigen Auffangbeckens für verseuchte Überreste der Stahlerzeugung in Südamerika. Die Folge ist die totale Vernichtung von Lebensräumen und Ökosystemen an einem mehr als 600 Kilometer langen Flusslauf, in dem alles Leben bis über die Einmündung ins Meer hinaus getötet wurde.

Damit sind wahrscheinlich auch alle Lebensgrundlagen der Anwohner für Jahrzehnte zerstört.

Ein unermesslich großes Opfer – teils mit dem Leben einiger dieser Menschen bezahlt und nur der Profitgier der Unternehmer geschuldet, die dieses Unglück in krimineller Weise in Kauf genommen haben. Vergleichbar ist die Ignoranz von vielen Unternehmen, die aus Renditegründen Folgeschäden der Unterlassung von Sicherheitsvorkehrungen nicht berücksichtigen.

Das gilt für den Bau von Atomkraftwerken in nicht geeigneten Regionen (siehe Fukushima), für die Öl- und Gassuche sowie die Öl- und Gasförderung mit vielen grotesken Varianten (siehe Golf von Mexiko und andere Regionen).

Als besonders skurrile Variante muss man wohl das Fracking zur Öl- und Gasgewinnung bezeichnen, das hinsichtlich der Umweltbelastung und ihrer Auswirkung höchst umstritten ist.

Hierbei wird unter hohem Druck ein Gemisch aus

Wasser, Sand und chemischen Zusätzen in gas- oder ölhaltige Gesteinsschichten gepresst. Hierdurch wird das Gestein aufgebrochen, um dann durch die entstehenden Risse Gas beziehungsweise Öl fördern zu können.

Die begründete Befürchtung besteht, dass dadurch in weiten Bereichen der Fördergebiete das Grundwasser rettungslos verseucht werden könnte.

Ähnliche Schäden sind auch bei der Abfallentsorgung der chemischen und biologischen Verarbeitungsindustrie zu erwarten; im Vergleich zu den ewig strahlenden Resten der atomaren Energiegewinnung ist das Vorgenannte sogar nur eine Bagatelle.

Die Folgen des weltweiten Bevölkerungswachstums mit mangelnder Aufklärung vieler dieser Menschen und der gleichzeitig wachsenden Industrialisierung sind heute wohl – neben der Atommüllentsorgung – eine der größten Herausforderungen für alle verantwortlichen Regierenden unserer Welt.

Nicht übersehbar ist das Fortpflanzungsgefälle unter uns Menschen – je ärmer und je geringer der Bildungsstand, desto größer ist leider oft die Nachkommenschaft bei vielen dieser betreffenden Bevölkerungen. Deren Entwicklungsstand scheint zum Teil in einer früheren Zeit stehen geblieben, zum Teil sind sie aber von anderen, sogenannten fortschrittlicheren Gesellschaften aus zum Teil niederen Beweggründen schlicht abgehängt und ausgenutzt worden.

Für diese benachteiligten Menschen ist der Wohlstand der Industriestaaten stets sichtbar, was logischerweise Fluchtgedanken entstehen lässt.

Hier gilt es gegenzusteuern. Die betroffenen Bevölkerungen müssen umfassend aufgeklärt werden, und ebenso vonnöten ist ein fairer wirtschaftlicher Austausch, ob es die in ihren Ländern vorhandenen Rohstoffe oder die durch diese Bevölkerungen erbrachten Dienstleistungen betrifft.

Entwicklungshilfe gepaart mit Aufklärung ist hier mit Sicherheit die beste Investition in eine Überlebensstrategie für unsere gesamte Welt.

Jeder Mensch der Gegenwart sollte sich mit einer neuen Bescheidenheit auf die aktuellen Probleme einstellen.

Kein Mensch ist eine Insel und darf diese Probleme wegen seines persönlichen Vorteils ignorieren!

*

Es gibt noch ein Feld, auf dem blinde Anhänger unserer heutigen Konsumgesellschaft besonders verschwenderisch mit vorhandenen Ressourcen umgehen. Würde hier jeder auch nur ein bisschen nachdenken, wäre die komplette Lächerlichkeit dieser beschämenden Handlungsweise leicht erkennbar, die mit einer neuen Bescheidenheit der Umwelt zuliebe auch leicht vermeidbar wäre.

Die provozierende Frage an alle Modeschaffenden ist: Braucht ein Mensch in so extrem kurzen Abständen immer wieder wechselnde Outfits, eine komplett neue Einkleidung von Kopf bis Fuß, für die verschiedenen Jahreszeiten und die verschiedensten Anlässe, um gesellschaftsfähig zu sein – und um dann, nicht zuletzt mithilfe von Online-Shopping, riesige Müllberge zu hinterlassen?

Oder ist es ein reines Konjunkturprogramm für die Mode- und Bekleidungsindustrie, die ihre Gewinnmargen mit prekären Arbeitsverhältnissen bis hin zu Kinderarbeit potenziert und jeden fairen Handel eiskalt umgeht?

Wie soll es möglich sein, zum Beispiel eine Jeans für ca. 10 Euro im Verkauf anzubieten, Gewinne zu erwirtschaften und dem Produzierenden ein auskömmliches Leben zu gestatten? Fairness, wo bist du?

*

Unsere Erde besteht aus Land, Wasser und Luft. Jeder Mensch braucht sie: Land, auf dem und von dem er lebt; Wasser, das er für die Nahrungserzeugung, Reinigung und Fortbewegung nutzen kann; Luft, die er wie alle Lebewesen zum Atmen braucht – und heute auch zur Fortbewegung durch die Fliegerei.

Wir sind auf dem besten Wege, allen drei Bereichen massiven Schaden zuzufügen. Wenn es uns dann auffällt, kann es für eine Schadenskorrektur unter Umständen schon viel zu spät sein, und unsere Lebensqualität würde entsprechend eingeschränkt.

Letztlich sind wir alle, jeder auf seine Art, im Umgang mit unserer Umwelt Ignoranten. Wir könnten und sollten unser Verhalten ändern!

Unser Umweltbewusstsein sollte durch die vorhandene Informationsdichte so geschärft sein, dass für die dringend erforderlichen Änderungen die richtigen

Schlussfolgerungen gezogen werden kann, um wenigstens noch den derzeitigen Zustand unserer Umwelt zu erhalten.

Jedem sollte bewusst sein, dass unser beliebtestes Fortbewegungsmittel, das Auto, gleichzeitig auch einer der größten Klimakiller ist, nach der motorisierten See- und Flussschifffahrt und dem ungebremst expandierenden Flugverkehr.

Der Gipfel jeder Umweltverschmutzung aber ist zurzeit, wie oben bereits erwähnt, der wachsende Einsatz von riesigen Kreuzfahrtschiffen, mit denen auch sogenannte Billigtouristen unterwegs sind, mit einem überproportionalen Energieverbrauch je Schiff, der dem einer mittleren bis größeren Stadt oder einer millionenfachen Anzahl fahrender Automobile mit Dieselantrieb entspricht. Und Letztere werden heute inzwischen schließlich auch mit Fahrverboten bedroht, wenn die Abgaswerte die vorgeschriebenen Grenzwerte überschreiten.

Es wird zurzeit überall darum gerungen, alles zu elektrifizieren.

Sauberer wird es aber nur vor Ort, nämlich da, wo sich gerade etwas bewegt, fährt, fliegt oder schwimmt. Aber darüber hinaus müsste die dafür benötigte elektrische Energie ausschließlich durch Sonne, Wasser und Wind gewonnen werden.

Für einen angedachten und auch in der Erprobung befindlichen Wasserstoffantrieb gelten ähnliche Einschränkungen.

Ob Elektro- oder Wasserstoffantrieb – hier wie dort ist die dafür notwendige Energieerzeugung, Energiespeicherung und der Zugriff auf eine schnelle Energiebetankung für die gewünschten Reichweiten, die der von Fahrzeugen mit Verbrennungsmotoren ähnelt, noch nicht befriedigend gelöst.

Das Netz für die Energieaufnahme ist noch nicht ausreichend ausgebaut, was die Mobilität dieser Fahrzeuge vorerst erheblich einschränkt.

Bei einer entsprechenden Normung der Energiespeicher wäre die Alternative, statt einer zeitlich relativ langen Energiebetankung eine Schnellauswechselung der Energiespeicher vorzusehen, um der jetzigen Versorgung von Fahrzeugen mit Verbrennungsmotoren nahezukommen.

Kurz, es bedürfte für eine zufriedenstellende Umstellung auf saubere Elektroantriebe nicht weniger als eine Revolution in der Energieerzeugung und -bereitstellung.

Die Bestrebungen sind auf einem richtigen Weg, man sollte aber bei allen guten Hoffnungen auf die neuen Antriebe prüfen, ob unsere bestehenden Verbrennungsantriebe in ihren Entwicklungsmöglichkeiten in Richtung Umwelttauglichkeit schon endgültig am Ende sind oder ob sie noch für eine zeitgewinnende Zwischenlösung gerüstet werden könnten.

In irgendeiner Form leben wir alle von der Mobilität, die zurzeit immer noch die Grundsäule unseres gesamten Wirtschaftslebens ist.

Ausnahmslos alle Einkommen in den verschiedensten Berufen werden durch unsere derzeitige Mobilität tangiert. Verschiedene neue Berufsgruppen werden durch die Mobilität überhaupt erst möglich macht.

Es ist nicht mit dem Umlegen eines Hebels getan,

wollen wir ohne tiefgreifende Blessuren für unsere Weltwirtschaft in diese wünschenswerte Richtung einer sauberen Energie eintreten.

Die gewünschte Nachhaltigkeit ließe sich erreichen, wenn alle, ohne die Augen zu verschließen, es wollten und an einem Strang zögen, um den Verbrauch unserer nicht unendlich vorhandenen Ressourcen auszubremsen. Alles müsste beginnen mit einer neuen, gemeinsamen Bescheidenheit.

Bescheidenheit bedeutet nicht, auf alles Angenehme zu verzichten, sondern nur nach den Regeln der Vernunft zu handeln und den eigenen Egoismus zu zügeln sowie Natur und Mitmenschen mit Fairness zu begegnen.

Es sind noch nicht alle Möglichkeiten ausgeschöpft!

Bei der sogenannten Nachhaltigkeit sollten auch die Herstellung und die spätere Entsorgung der elektrischen Energiespeicher sowie alle Arten der Energiegewinnung mit in Betracht genommen werden, um jeder Art von Selbstbetrug vorzubeugen, wie es, wie bereits erwähnt, beim Umgang mit der Abwicklung der Atomenergie bereits geschehen ist und in vielen Ländern auch noch weiter fortgeführt wird.

*

8.
Eine neue Bescheidenheit

Eine neue Bescheidenheit als Gegenstück zur ungeregelten, ausufernden und oft ungerechten Verteilung aller wirtschaftlichen Zugewinne ist vonnöten.

Die immer weiter wachsende Spreizung zwischen Arm und Reich muss beendet werden, die ungebremste Verschwendungssucht, wie sie einigen Menschen auch als Statussymbol dient, muss beendet werden; der erwirtschaftete Wohlstand darf nicht nur einer kleinen Minderheit zugutekommen.

Wir erwähnten es bereits: Nur circa ein Prozent der Menschen besitzen circa 50 Prozent alles Vermögens auf unserer Welt, und circa 99 Prozent der Menschen teilen sich den Rest.

Die letzte Chance, die Ausbeutung aller endlich werdenden Ressourcen so zu begrenzen, dass alle Menschen in der Zukunft eine reelle Überlebenschance behalten, darf nicht versäumt werden.

Die derzeitigen Ansprüche und Erwartungen an unser tägliches Leben sind aber oft fern von jeder Bescheidenheit.

Einer der Gründe für die wachsende Unzufriedenheit vieler Menschen ist, dass die durch ihren eigenen Einsatz erreichten Ergebnisse hinter den oft zu hoch gesteckten Erwartungen zurückbleiben. Ein Tag ohne Erfüllung der selbst gesteckten Ziele wird allzu schnell als ein verlorener Tag gesehen, was Frustration aufkommen lässt.

Wir neigen überall und permanent dazu, immer schneller, immer höher, immer weiter zu wollen und das als wichtigstes Ziel anzusehen. Ständig sind wir bestrebt, in jeder Lebenslage einen Platz auf den vorderen Rängen zu erreichen.

Dazu gehören auch viele Äußerlichkeiten, wie zum Beispiel: welche Bekleidung wir uns leisten können, welches Auto wir fahren, wo unser Platz in dieser Gesellschaft ist, wie wir wohnen, wie wir aussehen, wie wir gesehen werden, welche Urlaubsziele angesagt sind und so weiter.

In einem bekannten Werbespruch trumpft ein Mann wie folgt vor seinem Gegenüber auf: »Mein Haus, mein Auto, mein Boot!« – alles, um den eigenen überragenden Erfolg zu demonstrieren und den anderen zu beeindrucken.

Bescheidenheit, wo bist du?

Ein Grund für dieses Verhalten ist sicher der von uns selbst erzeugte, durch die Werbung verstärkte Druck, immer und überall vorne mitspielen zu müssen.

Es fehlt uns die Gelassenheit, das Leben auch ohne überzogene Ansprüche genießen zu können.

Wir sollten in uns gehen und versuchen, das Hamsterrad zu verlassen. Es mussten schon zu viele mit nachhaltigem Schaden mühsam daraus geborgen werden. Wir sollten es erst gar nicht so weit kommen lassen!

Versuchen wir einmal mit Gelassenheit darüber nachzudenken, was für unser Wohlbefinden das Wichtigste sein könnte, Punkt für Punkt.

Eine persönliche Bestandsaufnahme könnte vielleicht so lauten:

»Meine gesundheitliche Situation ist bisher unauffällig.«

»Ich habe eine zufriedenstellende und auskömmliche berufliche Tätigkeit.«

»Ich habe einen zuverlässigen Freundeskreis.«

»Es gibt andere Menschen, die mich wahrnehmen und denen ich nicht gleichgültig bin.«

»Ich befinde mich in einer vertrauensvollen Partnerschaft oder habe die begründete Hoffnung darauf.«

»Finanziell habe ich überschaubare und mich nur mäßig belastende Verbindlichkeiten.«

»Ich kann mir einen zufriedenstellenden Urlaub leisten.«

»In meiner derzeitigen Wohnsituation fühle ich mich wohl.«

»Ich bin mobil und kann mein Leben weitestgehend selbstbestimmt gestalten.«

In dieser Situation könnte auch die Erfüllung offener Wünsche in absehbarer Zeit erreichbar sein.

Was wir noch nicht erreicht haben, daran können wir zielgerichtet arbeiten und uns nicht daran hindern lassen, im Rahmen der eigenen Möglichkeiten den größten Teil dieser Ziele auch selbst zu verwirklichen.

Vielleicht gelingt es uns auch noch, darüber zu lachen, wenn uns ein von uns selbst herbeigeführtes Missgeschick treffen sollte.

Natürlich gibt es Aufgaben und Pflichten, die nicht immer Wohlbefinden in uns auslösen.

Es wäre aber doch auch langweilig, wenn sich alles Erstrebenswerte in unserem Leben von selbst oder durch die Hilfe von anderen ergäbe.

Das höchste Ziel sollte doch sein, ein autarker Mensch zu sein, der sich nach seinen Möglichkeiten erreichbare Ziele sucht und sie dann auch ohne die Hilfe anderer selbst verwirklichen kann.

Neid auf Personen, denen alle Voraussetzungen für ein sorgenfreies, privilegiertes Leben schon in die Wiege gelegt wurden, sollte für uns fremd bleiben.

Ein Ergebnis ohne eine nennenswerte Hilfe von außen selbst herbeigeführt zu haben, darf uns dagegen durchaus mit Genugtuung erfüllen.

Auf Stolz aber sollten wir, ausgestattet mit einem gesunden Maß an Bescheidenheit, großzügig verzichten.

Überzogener Stolz kann Menschen auch unausstehlich machen.

Wollen wir das, haben wir dies nötig?

Welche Last kann es für Menschen bedeuten, ohne persönliche Herausforderungen und Gestaltungsmöglichkeiten leben zu müssen? Wenn alle Schwierigkeiten schon von anderen weggeräumt wurden, der Lebensweg vorgezeichnet und vorbestimmt ist, ohne mit Eigeninitiative beeinflusst werden zu können?

Ein gesund gewachsenes Selbstwertgefühl ist wahrscheinlich nur in wenigen Fällen erreichbar, wenn gewisse Privilegien ohne eigenes Dazutun schon vorhanden sind.

Bei allen materiellen Möglichkeiten ist dann dennoch eine selbstkritische Betrachtung der eigenen Person nötig. Man sollte für sich selbst einen Ausweg suchen, um sich nicht als eine »Null« fühlen zu müssen, sofern das eigene Selbstwertgefühl bereits auf der Strecke geblieben ist.

Davor retten können sich die Betreffenden, indem sie in der Tradition ihrer Vorfahren das von ihnen Erreichte und Vererbte zu erhalten und in einem eigenen Sinne weiter auszubauen versuchen.

Da Eigentum auch Verpflichtung bedeutet, kann auch auf diesem Weg ein autarker Mensch hervorgehen, der ein sinnvolles und vorbildliches Leben mit angemessener Bescheidenheit führt, sodass seiner verdienten und angestrebten gesellschaftlichen Anerkennung nichts im Wege stehen dürfte.

Vorbildlichkeit braucht keine Perfektion!

Nur diejenigen, die den einzigen Lebenssinn darin sehen, das Erbe ihrer Vorgänger durch ungezügelten und strukturlosen Lebensstil zu verbrauchen, dürften auch weiter als »Nullen« betrachtet werden.

Man sollte aber auch neidlos Unterschiede akzeptieren können, denn zweifellos gibt es Personen, die durch bestimmte Leistungen, persönliche Talente und Vorzüge im öffentlichen Blickfeld stehen und ein Vielfaches der durchschnittlichen Einkommenshöhe und eine entsprechende Anerkennung erreicht haben.

Das betrifft zum Beispiel einige Unternehmer, Wissenschaftler, Künstler, Schauspieler, Sportler, darunter natürlich auch die in der Beliebtheitsskala ganz oben stehenden Fußballer, sowie Moderatoren, Politiker, auch Manager der Industrie, des Handels, des Finanzwesens und weitere in der Öffentlichkeit positiv wirkende Personen – erst recht sollte freilich den vielen ehrenamtlich tätigen Menschen Bewunderung gelten, die selbstlos auf alle Honorare verzichten.

Nicht unbedingt dazuzählen sollte man dagegen etwa Bank- oder auch Versicherungsmanager, die die Einlagen ihrer Kunden verzockt haben, oder jene, die mit falschen Daten und Versprechungen ihre Kunden und Klienten in den Ruin treiben.

Für alle Sparten sind ungerechtfertigt hohe Provisionen und mit nicht genügender Transparenz ausgeführte Vertragsabschlüsse der Keim allen Übels, da so die Gier bei vielen dieser Menschen gefördert wird und damit ein Hauptgrund für unsaubere Geschäfte ist.

Solche Personen stellen dann die Rendite über alles: Moral, Ethik und Fairness bleiben Worthülsen.

Andererseits sollte man natürlich auch die ungezügelte Gier vieler Anleger, Kunden und Klienten nicht übersehen.

Es gibt wie immer zwei Seiten der Medaille. Nicht zu verkennen ist die schlichte und einfache Tatsache: Geld alleine kann kein Geld machen und auch keines verdienen, auch wenn es Personen gibt, die das gerne behaupten.

Finanzspielchen nach Monopolyart sind in der Regel Luftnummern zum Geldverbrennen; man sollte es denen überlassen, die zu viel davon haben und nicht wissen, wohin damit – und anscheinend nicht auf die Idee kommen, es etwa für Spenden einzusetzen und womöglich noch ein gutes Werk zu tun.

Die Produkte der Banken und Versicherungen sind zum Teil so undurchsichtig, dass sie für Kunden ohne Wirtschafts- oder Finanzstudium kaum durchschaubar sind.

Die Verkaufsstrategie beschränkt sich oft auf ein Schönreden, ohne auf ein höheres Risiko bei jeder über ein gewisses Maß hinausreichenden Rendite hinzuweisen. Geldvermehrung braucht immer den Zusammenhang mit einer erbrachten Dienstleistung oder Verkauf einer Ware auf der anderen Seite, wenn ein wirtschaftliches Gleichgewicht in einer Geschäftsbeziehung bewahrt werden soll.

Wenn dem nicht so ist, wird das Auseinanderdriften zwischen Arm und Reich auf unabsehbare Zeit fortgesetzt.

Es sind die von einem Teil der Finanzwelt erzeugten Luftnummern, die alle bisherigen Wirtschaftskrisen schuldhaft ausgelöst haben.

Es hat sich nichts geändert, die weltweit verbreitete Abzockermentalität ist überall gegenwärtig und für jeden deutlich sichtbar. Zugleich ist aber dank ihrer eigenen Gier das »Abgezocktsein« vieler Anleger auch schon vorprogrammiert, die also in gewisser Weise auch immer ein wenig selbst schuld sind.

Sinn und Aufgaben von Bankgeschäften müssten zum Teil neu definiert werden, mit der Konsequenz, dass in Zukunft keine Steuergelder mehr für die Sanierung von Banken zur Verfügung stehen sollten, nachdem diese von oft größenwahnsinnigen Managern, und oft mit zweifelhaften Geschäften, gegen die Wand gefahren wurden.

Geld kann beim Handel mit Produkten und Dienstleistungen nur als ein Tauschmittel fungieren.

Hat eine Seite nicht genügend Tauschmittel für eine Investition, beispielsweise zum Erwerb eines Produktes oder einer Dienstleistung, so kann sie sich bei einer Bank den fehlenden Teil leihen – gegen einen bestimmten Zins, der durch die Nachfrage geregelt werden kann, oder auch begleitend durch die Politik, indem diese in einem moralisch vertretbaren Rahmen obere Grenzen setzt.

Das zumindest sollte der tägliche Geschäftsablauf in unserer gesamten freien Wirtschaft sein – mit dem Ziel, zurück zu einer echten sozialen Marktwirtschaft zu finden. Wo ist sie geblieben?

Der Kreditgeber sollte von den Zinsen leben, allein um den Arbeitsaufwand seiner Bank abzudecken und einen Gewinn zu erzielen, damit er auch künftig weitere Geschäfte tätigen kann: Das sollte die Norm sein.

Geschäfte also nach dem Motto: »Leben und leben lassen«, und nicht: »Friss, was du fressen kannst.«

Das wäre ein moralisch wünschenswerter Geschäftsablauf.

*

Es ist an uns, alle Versäumnisse aus unserem eigenen Leben zu analysieren: Wohin will ich? Wohin gehe ich? Wodurch ist dieser Weg beeinflusst worden, dass er genau diese Richtung genommen hat? Erweist er sich nach der Analyse als der Weg, den ich gehen wollte – und wenn nicht, bin ich bereit zu einer Korrektur, um eine bessere Sicht und mehr Einfluss auf meine künftigen Ziele zu bekommen?

Einflussnahme haben in jedem Leben die verschiedensten Faktoren, beginnend bei den eigenen Eltern,

Großeltern, Geschwistern, später kommen die eigenen Kinder hinzu.

Prägend ist auch die Schulzeit, die Mitschüler und Mitschülerinnen ebenso wie die Lehrerinnen und Lehrer. Auch Ausbilder in Vereinen können erheblichen Einfluss haben.

Später in Ausbildung oder Studium und anschließend in der Arbeitswelt prägen uns weitere Personen und Ereignisse im positiven wie im negativen Sinne.

Ständige Begleiter unseres Daseins sind Politik, Wirtschaft und Konsum, zu Letzterem werden wir oft angefacht mit aggressiver Werbung für alle möglichen und unmöglichen Belange unseres gesamten Lebens, über Funk und Fernsehen und heute vermehrt über das Internet.

Wir müssen lernen, vieles auszufiltern, um von keiner Seite zu unserem Schaden vereinnahmt zu werden.

Nach selbstkritischer Analyse der eigenen Persönlichkeit könnte man nun den Versuch wagen, eine Analyse der uns alle betreffenden Lebensumstände in dieser globalisierten Welt zu versuchen.

Was läuft schief und warum?

Es gibt mit Sicherheit keine einfachen und für alle verbindlichen Sichtweisen.

Alleine recht zu haben geht nicht!

Eine vermessene Aussage wäre es, die Wahrheit stamme nur aus einem Teil der westlichen Welt, zum Beispiel der EU, den USA, Australien oder aus Teilen Asiens, aus Indonesien etwa oder aus Japan.

Auch Länder der östlichen Welt wie Russland und China haben ihre eigene Sicht auf die Welt.

Ebenso könnten wir einige Staaten im arabischen und afrikanischen Raum bedingt hinzunehmen.

Einige dieser Staaten sind zurzeit in einer relativen Nähe zu unserer eigenen Staatsform, mit einem relativ geglückten Ansatz zu einer aufgeklärten, politischen, sozialen und teilweise auch demokratischen, humanen und liberalen Lebensform, mit hoffentlich auch manifestierten Menschenrechten in Form einer Verfassung.

Aber daneben gibt es leider immer noch zu viele Staaten mit autoritären Regierungsformen und massiv eingeschränkten Menschenrechten. Deren Durchsetzung ist bei jeder Gelegenheit mit Diplomatie und Überzeugungsarbeit einzufordern.

Solche Staaten werden jedoch, auch wenn sie nicht diktatorisch regiert sind, neben den – hoffentlich überwiegend demokratisch legitimierten – regierenden Politikern von zu vielen Lobbyisten in allen Wirtschaftsfragen beeinflusst. Dadurch wird der immer noch bestehende Raubtierkapitalismus weiter verbreitet und zementiert, und somit wird in der gesamten Weltwirtschaft ein faires Handeln der Staaten untereinander in vielen Teilen der Welt weiterhin verhindert.

Es sind oft nicht nur freiwillig geschlossene Handelsverträge zwischen wirtschaftlich ungleichen Staaten, die die Existenz der schwächeren mit einer Ausnutzung durch die stärkeren Staaten bedrohen.

Ein Beispiel sind Fischfangrechte, die auf korrupte Weise ihre Besitzer wechseln und Menschen, die den Fischfang als einzige Einnahmequelle in ihrem eigenen Land besaßen, plötzlich ohne jede Alternative mittellos werden lassen.

Es gibt zu viele Beispiele dieser Art, die speziell die Schwellenländer und Entwicklungsstaaten betreffen.

Die Alternative der dort Betroffenen wird, wir erwähnten es bereits, zwangsläufig die Flucht in die wohlhabenden westlichen Industriestaaten sein, angetrieben von der Hoffnung auf eine bessere Lebensperspektive.

Die Gleichstellung aller Menschen untereinander muss das Ziel aller gesellschaftlichen Veränderungen am Beginn einer neuen Zeit sein.

Dazu gehört die Einsicht, dass ein Gott, wenn man denn an diesen glaubt, für alle Menschen zuständig ist und sich nicht pachten lässt von einer Gruppe, die sich selbst dazu auserwählt hat.

Das Erreichen einer neuen Bescheidenheit wäre in allen Facetten ihrer Möglichkeiten die beste Grundlage für ein gegenseitiges besseres Verstehen. Hierbei ist die unbegrenzte Diplomatie mit einer vernunftgesteuerten Toleranz die edelste Form von Bescheidenheit.

Diplomatie kann immer nur bedeuten, kompromissbereit und ohne jede Arroganz und Dominanz auf Augenhöhe mit seinem Gegenüber zu kommunizieren und zu verhandeln.

Das sollte uns in Balance zu jedem unserer Mitmenschen bringen und in allen Lebensbereichen eine nötige Anwendung finden: angefangen von der Möglichkeit einer Friedensstiftung über Politik und Wirtschaft bis hin zu den persönlichen Auseinandersetzungen zwischen Menschen in der Familie und in anderen Begegnungen.

Der größte Feind aller Bescheidenheit ist die Gier nach Macht und Reichtum. Der Drang, diese Macht in allen Lebensbereichen durchzusetzen, führt zum abwertenden Umgang mit anderen Menschen bis hin zur intimen Nötigung. Besonders drastisch zeigt sich dies immer noch im Verhältnis zwischen Männern und Frauen, wo Erstere mit allen Mitteln von verbaler Unverschämtheit bis zu physischer Brutalität ihre Macht durchsetzen wollen. Nicht wenige irregeleitete – oft nicht ganz ausgebackene – Männer legen solches Verhalten mit einer erschreckenden Selbstverständlichkeit an den Tag.

Ein Zeichen der verbreiteten Beziehungsunfähigkeit ist es, für eine erfolgreiche Werbung auf Augenhöhe eine Brechstange benutzen zu müssen, statt mit erfrischender und überzeugender Flirtwerbung ihrerseits begehrende Ziele erreichen zu können.

Das Machtpotenzial ergibt sich über Besitzstände sowie über bestimmte karierefördernde Mitwirkungsmöglichkeiten, dies zum Beispiel häufig in den Arbeitsbereichen Kunst und Schauspielerei.

Wo bleibt bei diesen Männern das für diesen Kreis vorauszusetzende Selbstbewusstsein, wenn sie durch Ausnutzung ihrer Macht ihre von ihnen abhängigen Opfer zu einem intimen Verhältnis nötigen, was in einigen Fällen bis zu einer Vergewaltigung reichen kann?

Es sollten überall die Gleichheit aller Menschen und die gleichen Rechte für Frau und Mann die Regel sein – ein nicht verhandelbarer Grundsatz, der von allen ohne Wenn und Aber respektiert werden muss.

Nachvollziehbar, wenn auch in keinem Fall entschuldbar ist diese Vorgehensweise, wenn man wie ein »Trumpelwesen« aussieht und auftritt und einem deshalb sehr wahrscheinlich jedes gesunde Selbstbewusstsein fehlt, wenn man die Regeln nicht kennt, wie sie in jeder liberalen, humanen und zivilisierten Gesellschaftsform, inklusive der selbstverständlichen Gleichstellung von Mann und Frau, vorhanden sein sollten.

Allerdings kann jeder Mensch nur so lange die gleichen Rechte behalten, wie er sich in einem gesteckten Rahmen bewegt und die Gesetze und Grenzen der Gesellschaft, in der er lebt, nicht zum Schaden anderer überschreitet.

*

9.
Wege einer neuen Weltordnung

Alle Menschen sind gleich, Frauen wie Männer, ob arm oder reich, groß oder klein, auch die mit körperlichen oder geistigen Einschränkungen, gleich welcher Hautfarbe oder regionalen Herkunft, welcher Religion, welcher Abstammung, welcher Ansicht und welcher sexuellen Orientierung. Sie haben alle gleiche Rechte und Pflichten.

Alle Abweichungen, seien es physische, psychische oder situationsbedingte Besonderheiten, sind von allen zu tolerieren.

Alle zwischenmenschlichen Differenzen sollten immer und ausschließlich auf diplomatischen Wegen geregelt werden!

Alle Menschen sind gleichwertig und haben gleiche Rechte, soweit sie die Rechte anderer Menschen respektieren und diese nicht verletzen!

Alle Frauen und Männer haben gleiche Rechte und leben unabhängig und selbstbestimmt im gesetzlichen Rahmen einer liberalen, demokratischen und säkularen Staatsform.

Kein Mensch darf einen anderen Menschen gegen seinen Willen dominieren!

Diplomatie ist eine der edelsten Formen von Bescheidenheit, sie bedingt, immer auf Augenhöhe, gleichberechtigt und kompromissbereit mit seinem Gegenüber zu verhandeln, um so alle gewünschten und angestrebten Gemeinsamkeiten für beide Seiten akzeptabel gestalten zu können.

Das Ergebnis sollte eine Balance in Fairness sein, ein Miteinander aller Menschen, ob privat, in der Politik oder in der Wirtschaft. Sehr wichtig ist es auch, dass alle Glaubensrichtungen die Toleranz und den Respekt füreinander bewahren, um so überall friedlich nebeneinander leben zu können.

In der Vergangenheit wurde es von vielen Religionen so auch schon in respektvoller Weise vorgelebt.

Den religiösen Scherbenhaufen hinterlassen erst die Unverbesserlichen, die ihre persönliche Sichtweise als die einzig wahre ansehen und daraus die irrsinnige Idee entwickeln, alle anders denkenden Menschen als nicht lebenswert zu betrachten.

Dass alle Religionen gleichberechtigt nebeneinander existieren können, um miteinander in säkularen Staatsformen, nach gemeinsam anerkannten Regeln, das tägliche Leben aller friedlich zu gestalten, das wird von diesen Unverbesserlichen nicht akzeptiert.

Selbstherrliche Autokraten, Diktatoren, Despoten, Oligarchen, Sultane, Warlords und alle anderen Alleinherrscher sollte es nicht mehr geben. Einzig und allein demokratische, liberale, parlamentarische Systeme mit humanen sowie garantierten und respektierten Menschenrechten sollten zukünftig unser Leben bestimmen.

Die Herausforderungen der vierten industriellen Revolution, kurz Industrie 4.0, in Verbindung mit der schnell fortschreitenden Entwicklung der alle Lebenssituationen erfassenden Digitalisierung tangieren fast alle Bereiche unseres täglichen Lebens und zwingen uns dazu, unsere gewohnten Lebensmodelle im Sinne einer Zukunftstauglichkeit neu zu überdenken.

Es gilt Maßnahmen zu treffen, um die Herausforderungen bestehen zu können. Unsere kommende Lebens- und Arbeitswelt wird sich so grundsätzlich verändern, dass die zurzeit bestehenden Gesellschaftsmodelle verworfen und komplett neu entwickelt werden müssen.

Viele der zurzeit bestehenden Arbeitsplätze, wie sie in Großraumbüros auch zur Kommunikation und zum Datenaustausch mit anderen Mitarbeitern entstanden sind, verlieren durch die Digitalisierung in ihrer jetzigen Form ihre Daseinsberechtigung.

Die überwiegende Zahl dieser zurzeit noch vorhandenen Büroarbeitsplätze wird in autarke Heimarbeitsplätze umgewandelt, da jede gewünschte Kommunikation und jeder nötige Datenaustausch von nahezu jedem beliebigen Punkt unserer Erde durchführbar ist. Das gilt zumindest für die meisten Arbeitsplätze, bei denen ein Zugriff über und durch das Internet möglich ist.

Das wäre jede Art von Verwaltungs- und Büroarbeit in der Industrie, im Handel, bei Versicherungen, Banken und in der Forschung sowie, mit einer immer größer werdenden Zahl, auch bei den verschiedensten, notwendigen Dienstleistungen.

Manuelle Arbeiten in der Industrie können zum größten Teil durch Automatisierungen und mit dem Einsatz von Robotern erledigt werden.

In naher Zukunft werden diese Roboter auch mit einer sogenannten künstlichen Intelligenz ausgestattet sein und dann die Möglichkeit besitzen, weitestgehend autark zu arbeiten.

Durch die neu erreichten Sicherheitsstandards wird eine direkte Zusammenarbeit von Mensch und Roboter ohne eine notwendige Schutzeinrichtung zwischen beiden möglich werden.

Manuelle Arbeitsplätze werden wir auch in Zukunft im vielfältigen Handwerk finden, ebenso in Bereichen der Agrarwirtschaft mit ihren verschiedensten Zweigen, die für unsere Ernährung nach wie vor unerlässlich sind.

Weitere Wirkungsstätten werden übrig bleiben im großen Feld der Gesundheit und der Pflege, wo von Menschen an Menschen zu erbringende Dienstleistungen unerlässlich bleiben werden.

Doch auch solche Bereiche werden durch die Digitalisierung unterstützend flankiert, die diese Arbeiten erleichtern soll.

Es bleiben noch viele Arten von Vollzeitarbeitsplätzen für die Menschen erhalten, die unser tägliches Leben begleiten und weiterhin nicht ersetzbar sein werden.

In einem Rechtsstaat wie dem unsrigen wird es nach wie vor Regierende, Ordnungshüter und andere Ordnungsbewahrer brauchen, also Einrichtungen und Dienstleistungen zur Verwaltung und Einhaltung rechtlicher Belange sowie alle anderen, die insgesamt zu einem funktionierenden Staatswesen, zum sogenannten öffentlichen Dienst dazugehören.

Leider kommt es oft zu vorschneller und oft unüberlegter Privatisierung, mit dem vorgeschobenen Argument der Kostenreduzierung – ein oft unsinniger Schritt, oft einhergehend mit versteckter Korruption, zum Schaden bei der Auftragsvergabe, was letztlich dann sogar zu einer Kostensteigerung führt.

Betroffen sind hier alle Arten von Dienstleistungen, die für die Existenz und Lebensfähigkeit eines jeden Staates unumgänglich sind: zum Beispiel die Grundversorgung mit Wasser, Nahrung, Energie, Wohnraum, Bildung, Gesundheitspflege, aber auch die Entsorgung aller Hinterlassenschaften des menschlichen Zusammenlebens in einer Zivilisation, vor allem die alles hierbei überlagernde Müllentsorgung.

Es sind Leistungen, die der Staat gegen Gebühren bei seinen Bürgern zu leisten hat. Blindwütiges Privatisieren hat nachweislich eine Öffnung zur Korruption mit allen negativen Konsequenzen zur Folge.

Mögliche Aufgabenfelder der Zukunft sind Bildungsvermittler und Freizeitbegleiter sowie Betreuer für die verschiedensten Aktivitäten – alle sich nicht ausgelastet fühlenden Mitmenschen können sich hier in Feldern wie Sport, Kunst und anderem, was das Leben lebenswert macht, engagieren.

Eine alte Idee wird neu geboren mit Änderung der vorhandenen Lebensphilosophie, die von der Geburt über das Erwachsenwerden mit einem arbeitsreichen und erfüllten Berufsleben und mit lebenslangem Lernen bis zu einer verdienten Rente reicht.

Zu dem, was wir »Leben« nennen, gehört es gemeinhin, Menschen kennenzulernen, Freunde zu gewinnen, Karriere zu machen und hoffentlich auch immer genügend Arbeit zu haben. Mit einem Partner oder einer Partnerin das Leben teilen, Kinder bekommen,

Aufgaben erfüllen und natürlich auch Spaß am Leben haben.

Etwas mehr als eine garantierte Grundversorgung zu haben, um sich dann persönlich auch die verschiedensten Wünsche erfüllen zu können.

Dieser sogenannte normale Verlauf eines Lebens erscheint aber inzwischen nicht mehr mit so großer Selbstverständlichkeit gewährleistet zu sein.

Wie soll mein Leben ablaufen, wenn die bekannten Abläufe mit einem sicheren und dauerhaften Ein- und Auskommen in Zukunft nicht mehr verlässlich sind?

Einen möglichen Ausweg könnte grundsätzlich ein künftig jedem Menschen garantiertes »bedingungsloses Grundeinkommen« bedeuten!

Das soll heißen, jeder erwachsene Mensch erhält bis zu seinem Ableben bedingungslos eine bestimmte Summe Geld, mit der er seine Grundbedürfnisse erfüllen könnte; bei Kindern und Heranwachsenden würde es nach einer noch zu bestimmenden Abstufung entsprechend weniger geben.

Wie hoch diese Zuwendung sein muss, um für die verschiedenen Altersgruppen und die dazugehörenden Lebenssituationen auszureichen, das bedarf natürlich einer intensiven Auseinandersetzung, ebenso die Frage des dafür notwendigen Staatshaushalts, mit Steuereinnahmen und Steuerausgaben, die nach intelligenten Formeln abgewickelt werden müssen, damit eine derart gravierende Veränderung hin zu einer neuen Gesellschaftsform überhaupt realistisch machbar ist.

Gerechtigkeit zwischen den arbeitenden und den

nicht arbeitenden Menschen könnte dadurch hergestellt werden, dass der Arbeitende natürlich wie gehabt ein zusätzliches Einkommen oberhalb des Grundeinkommens erhält und dann über ein Punktesystem sein späteres Altersruhegeld auch entsprechend anheben könnte.

Ein möglicher Weg zur Realisierung wäre zum Beispiel: Ist bei einem Menschen ein normales Erwerbseinkommen oberhalb der »Grundversorgung« vorhanden, so könnte das »bedingungslose Grundeinkommen« nach einer Formel so lange entfallen, wie die »Grundversorgungshöhe« überschritten wird. Dies würde die staatliche Zuwendung reduzieren und helfen, das System auch leichter finanzierbar zu machen.

Im Sinne einer »Systemgerechtigkeit« wäre es wichtig, dass jede Person, wie zurzeit üblich, weiterhin bestrebt ist, ein eigenes Einkommen zu erwirtschaften, das »bedingungslose Grundeinkommen« also nur beansprucht wird, wenn ein persönliches Arbeitseinkommen aus den verschiedensten, gesetzlich geregelten Gründen nicht möglich ist.

Die Frage stellt sich aber unvermeidlich: Wer soll diese möglichen Differenzen ausgleichen und bezahlen?

Mit unserer derzeitigen Steuerpraxis ist das natürlich nicht zu bewerkstelligen.

Vorausgehen müssten ein radikaler Umbau der Steuergesetzgebung und eine gerechtere Bemessung von Arbeitseinkommen sowie aller anderen Einkommensarten. Wie vorher schon behandelt, wird die Industrie 4.0, einschließlich der Digitalisierung sowie der Elektrifizierung unserer gesamten Mobilität, unsere gesamte Arbeitswelt radikal verändern, was notwendig einen gesellschaftlichen Umbau nach sich ziehen wird, eine Herausforderung längst nicht für alle Politiker, die einer kompetenten philosophischen Begleitung bedarf.

Die Berufs- und Beschäftigungsbilder befinden sich schon jetzt in einer permanenten Veränderung.

Eine diesem Wandel entsprechende, neue Steuergesetzgebung müsste bald folgen und wäre weltweit angesagt. Die Steuergesetze müssen radikal vereinfacht und alle Schlupflöcher geschlossen werden.

Die bei uns erhobene sogenannte Einkommensteuer muss ohne jede Ausnahme auf alle Einkommensarten nach objektiver und gerechter Betrachtung erhoben werden.

Ein organisatorisches Vorbild wäre die zurzeit wohl gerechteste Besteuerungsform mit den wohl geringsten Betrugsmöglichkeiten, die allen Arbeitnehmern bekannte und bei uns zurzeit verwendete Lohnsteuer.

Diese wäre, jetzt neu »Einkommensteuer« benannt, für ausnahmslos jede Art von steuerpflichtigem Zugewinn einzusetzen.

Das Erben einer Firma, eines Hauses, einer Wohnung oder sonstiger Sachen würde beispielsweise zunächst immer steuerfrei erfolgen. Einkommensteuer würde nur erhoben werden, wenn die oder der Erbende die geerbte Sache veräußert – dann aber wird sie auf den gesamten Verkaufserlös erhoben oder, bei einer Vermietung, Verpachtung usw., auf den jeweiligen Vermietungs- oder Verpachtungsgewinn.

Das Gleiche gälte bei jeder privaten Geldentnahme aus einer geerbten Firma und allen anderen Finanzanlagen.

Jetzt müsste natürlich jedes Steuergeheimnis, einschließlich aller Steueroasen, verschwinden.

Beides dient zurzeit sowieso nur der Steuervermeidung und Verschleierung dubioser Einkommensquellen und vermehrt die ungerechte Stufung der steuerlichen Belastung einzelner Personen durch unsere noch vorhandene ungerechte Steuergesetzgebung für jede Art der Gewinnvermehrung.

Geldwäsche wäre nach diesem neuen System nicht mehr möglich!

Schon heute müsste diese Form der Steuerverschleierung, neben vielen anderen, viel konsequenter verfolgt und geahndet werden.

Es darf nicht sein, dass, wie zurzeit noch üblich, weltweit im Internet tätige Firmen an dem Standort ihrer Aktivitäten fast steuerfrei bleiben können, weil die hier entstandenen Gewinne in den sogenannten Steueroasen abgerechnet werden.

Durch die Inkonsequenz in der noch gültigen Steuergesetzgebung wird das aber immer noch möglich gemacht und, mithilfe von Beratungsfirmen, auch entsprechend rücksichtslos ausgenutzt.

Beispielhaft und nachahmenswert wäre hier durchaus ein Teil der vorhandenen Steuergesetzgebung der USA.

Jeder US-Bürger bezahlt seine Steuern im eigenen

Land, also in den Vereinigten Staaten, egal wo die Einkommen erwirtschaftet werden, ohne die geringste Chance, vorhandene Gewinne in Steueroasen auszulagern.

Alle Staaten mit Steueroasen sind gegenüber den USA in der Verpflichtung, die ausgelagerten Einkommen der US-Bürger offenzulegen und die daraus resultierende Steuerschuld dem US-Fiskus zu melden.

Ein Steuergeheimnis ist gerechterweise nicht vorhanden, was weltweit dringend erforderlich wäre, um jede Art von Steuerhinterziehung zu vermeiden und alle Einkommensverhältnisse so auf eine gerechtere und gleiche Basis zu stellen.

Nach diesen Maßnahmen könnten die notwendigen Voraussetzungen erreicht sein für die revolutionäre Einführung eines »bedingungslosen Grundeinkommens«, Schritt für Schritt und letztlich für alle Menschen gleichermaßen geltend.

Machen wir einen ersten Versuch einer modellhaften Aufstellung:

Demnach besteht grundsätzlich ein Anspruch auf ein »soziokulturelles Existenzminimum«, auch als »Grundrente« benannt, von ca. 700 Euro pro Person. Dies ist als Regelleistung zu betrachten.

Alle nachfolgenden Zahlen und Werte sind an real bestehenden Größen der zurzeit gültigen Sozialversorgung orientiert, sie sind gerundet und haben keinen Absolutheitsanspruch, sondern sind nur in einer tendenziellen Realitätsnähe zu betrachten.

Es gälte also ein gesetzlicher Anspruch für Personen ohne eigenes Einkommen von monatlich zurzeit ca. 700 Euro plus einer notwendigen Zulage für Unterkunft und Heizung. Diese Summe reichte heute aus, alle grundsätzlichen Lebenskosten abzudecken. Das wäre also das gewünschte »Grundeinkommen« zur Existenzsicherung jeder erwachsenen Person.

Die Voraussetzung für die Finanzierung wäre die vollständige Überarbeitung unseres Wirtschaftssystems, vorrangig mit einer gerechteren Steuergesetzgebung, die alle zurzeit bestehenden Steuervermeidungsmöglichkeiten vollkommen ausschließen müsste.

Sogenannte Steueroasen müssten vollkommen trockengelegt und gegebenenfalls von allen Staaten wirtschaftlich isoliert und boykottiert werden, um diese Ziele erreichbar zu machen.

Die derzeitige Steuervermeidung einschließlich Steuerbetrugs in der Bundesrepublik beträgt zurzeit jährlich geschätzt ca. 160 Milliarden Euro.

Entgangene Steuereinnahmen durch illegale Steuervermeidung pro Person vom Kleinkind bis zum Greis betragen bei einer Einwohnerzahl von 80 Millionen Menschen also jährlich circa 2.000 Euro.

Steuerpflichtig sind in Deutschland zurzeit ca. 44 Millionen Personen. Für jede steuerpflichtige Person ergibt dies im gesamten Durchschnitt einen Fehlbetrag von jährlich ca. 3.600 Euro durch irgendeine beliebige Art der Steuerhinterziehung oder, verniedlicht ausgedrückt, Steuervermeidung.

Diese Angaben bestärken den Verdacht, dass die

steuerlichen Fehlbeträge nicht durch den durchschnittlichen angestellten Arbeitnehmer verursacht werden, sondern allein im oberen Segment aller Steuerpflichtigen zu finden sind.

Es sind Personen mit einer entsprechend höheren finanziellen Ausstattung, die die Möglichkeit der Steuervermeidung, mithilfe von Beratungsfirmen und dank unserer mangelhaften Steuergesetzgebung, ausnutzen – eine Auslagerung von steuerpflichtigem Einkommen in die weltweit vorhandenen Steueroasen gehört dazu.

Mit Beendigung solcher Auswüchse wäre der Gedanke eines »bedingungslosen Grundeinkommens« sicher im Bereich einer möglichen Umsetzung und ein gravierender Schritt auf dem Weg in eine neue Weltordnung.

Folge eines »bedingungslosen Grundeinkommens« wäre der automatische Wegfall aller Sozialabgaben, da das »Grundeinkommen« mit Abwandlungen von der Geburt bis zum Ableben eines Menschen als Grundsicherung schon vorhanden und grundsätzlich über ein staatliches Steueraufkommen abgedeckt wäre.

Ein zusätzlicher Effekt wäre eine einheitliche Gesundheitsversorgung und der Wegfall einer ungerechten sogenannten Zwei-Klassen-Gesellschaft, wie sie zurzeit in den bestehenden Gesundheitssystemen vorhanden ist. Was nicht ausschließen muss, eine Zusatzversicherung für verschiedene Annehmlichkeiten neben der einheitlich garantierten medizinischen Grundversorgung nach eigenem Wunsch in

Betracht ziehen zu können, zum Beispiel, um bei einer stationären Unterbringung ein Einzelzimmer nutzen zu können, ohne dass die notwendige medizinische Versorgung dadurch beeinflusst würde.

*

Die Abschaffung jeder Art von Klassengesellschaft gehört zu den Voraussetzungen einer neuen, anzustrebenden Weltordnung – ohne das vorhandene Leistungsprinzip dafür aufgeben zu müssen, es bedarf nur einer dringenden Reformierung.
Nötig hier ist es, folgende als selbstverständlich anzusehende Ziele zu erreichen:

- Die gleiche Wertigkeit aller Menschen, unabhängig von Hautfarbe, Geschlecht, Herkunft, Abstammung, sexueller Orientierung, Ansichten, Bildungsstand, ob groß oder klein, ob mit körperlichen oder geistigen Einschränkungen, ob arm oder reich. Alle also haben eine gleiche Wertigkeit und ausnahmslos gleiche Rechte und Pflichten.
- Die absolute Gleichberechtigung von Frau und Mann, ebenfalls mit gleichen Rechten und gleichen Pflichten. Keiner von beiden darf den anderen bevormunden oder in irgendeiner Form gegen dessen eigenen Willen dominieren.
- Alle Konfliktsituationen sind nur mit diplomatischem Feingefühl und ohne jede Gewaltanwendung zu lösen.
- Die gesamte Grundsicherung je Person beträgt

ca. 700 Euro. Besteht der Haushalt aus mehreren Personen, könnte man die Grundsicherung für jede weitere Person mit ca. 400 Euro annehmen.

Da ein Durchschnittshaushalt aus zwei Personen besteht, wäre mithin von einer Grundsicherung von insgesamt 1.100 Euro für zwei Personen auszugehen.

Es besteht ein Minus von ca. 600 Euro durch die vorhandenen Fehlbeträge aus der heutigen illegalen Steuervermeidung. Würde diese unterbunden, so wäre also dieser Beitrag für die zwei Personen schon vorhanden.

Mit einem zusätzlichen, legalen Betrag von nur ca. 250 Euro pro Person aus dem neuen Steuertopf ergibt sich schon der notwendige Betrag, um das vermeintlich utopische »bedingungslose Grundeinkommen« finanzierbar zu machen.

Die Nähe einer Realisierbarkeit wird dadurch erreicht, dass das »bedingungslose Grundeinkommen« nur die Menschen erhalten, die aus zwingenden Gründen kein eigenes Einkommen erwirtschaften können.

Solche Gründe wären zum Beispiel: Arbeitsunfähigkeit aus Krankheits- oder Altersgründen oder der unverschuldete Verlust des eigenen Arbeitsplatzes. »Nicht arbeiten wollen« sollte die Ausnahme sein.

Sollte beim Leser der Eindruck entstehen, dass diese Vorschläge dem Wort »bedingungslos« widersprechen, so sollte berücksichtigt werden, dass die unverhältnismäßige Verteilung aller bestehenden Einkommen heute oft jenen am oberen Ende der Skala durch eine mangelnde Gesetzgebung zugutekommt, denen ihr Reichtum quasi geschenkt wird oder aus dubiosen Quellen kommt und nur in den wenigsten Fällen auf eine anerkennbare echte Leistung zurückzuführen ist.

Sehen wir es also als eine Art gerechten Ausgleich, wenn diese im Leben bevorzugten Personen nur dann von dem »bedingungslosen Grundeinkommen« profitieren, wenn sie es auch wirklich benötigen.

Die versöhnliche Vorstellung hierzu wäre, dass Personen mit Einkommen in Millionenhöhe gerne verzichten und es denen gönnen, die dieses Grundeinkommen zum Überleben brauchen.

Also: Es wäre anzupacken. Geben wir das Modell zur Prüfung an unsere Politiker, Wirtschaftswissenschaftler, Wirtschaftsweisen, Steuerpraktiker und Philosophen, für den Nachweis einer Durchführbarkeit, Nachhaltigkeit und gerechten Umsetzung, ohne eine soziale Marktwirtschaft und eine liberale, demokratische Staatsform infrage stellen zu wollen.

Ein nicht übersehbarer Fakt ist: Nur Personen mit einem Einkommen, das kleiner als das »bedingungslose Grundeinkommen« ist, müssen über die Steuereinnahmen des Staates finanziert werden.

Es sollte einen Versuch wert sein, diesen Grundgedanken durch wissenschaftliche Nachbearbeitung in ein realisierbares Format zu bringen.

*

Nachwort

Liebe Leserin, lieber Leser,
was Sie bis hierhin – hoffentlich – gelesen haben, kann letzlich immer nur eine persönliche Sichtweise ohne Absolutheitsanspruch sein. Damit die in diesem Buch skizzierte neue und wünschenswerte Weltordnung die bestehende »Weltunordnung« ablösen kann, bedarf es sehr vieler ähnlich denkender, diplomatischer und toleranter Mitstreiter, um Einfluss durch Überzeugung auf alle in extremen Gegensätzen denkenden und handelnden Politiker und Religionsführer unserer Welt zu nehmen.

Es gilt einen Katalog zu erstellen, der unmissverständlich alles benennt, »was geht« und »was nicht geht«, der letztlich die Ziele erarbeitet, die zur Schaffung einer lebenswerten und gewaltfreien Welt für alle Menschen zu erreichen sind.

Ihre Reaktion, liebe Leserin, lieber Leser, auf das vorliegende Werk könnte wie folgt ausfallen:

1. Übereinstimmung: Sie teilen die Meinung, die vorgestellten Ideen wären umsetzbar.
2. Keine eindeutige Übereinstimmung: Sie sind nicht überzeugt, oder es ist Ihnen egal.
3. Keine Übereinstimmung: Sie lehnen die Ideen auf ganzer Linie als nicht umsetzbar ab.

Ich wäre dankbar für jede Art von Feedback, auch und gerne, wenn Sie gänzlich anderer Meinung als ich sind, und ebenso für Verbesserungsvorschläge für die vorliegenden Ausführungen.

Kein Mensch hat die Wahrheit gepachtet!

E-Mail: h-lind@t-online.de

*